风险管理的七堂必修课

陈 宁 ◎ 著

中国商业出版社

图书在版编目（CIP）数据

风险管理的七堂必修课 / 陈宁著 . -- 北京 ： 中国
商业出版社，2024. 12. -- ISBN 978-7-5208-3256-4

Ⅰ . F272.35

中国国家版本馆 CIP 数据核字第 2024D0N421 号

责任编辑：黄世嘉

中国商业出版社出版发行

（www.zgsycb.com　100053　北京广安门内报国寺 1 号）

总编室：010-63180647　编辑室：010-63033100

发行部：010-83120835/8286

新华书店经销

武汉市籍缘印刷厂印刷

*

710 毫米 ×1000 毫米 16 开　14.25 印张　　188 千字

2024 年 12 月第 1 版　2024 年 12 月第 1 次印刷

定价：68. 00 元

* * * *

（如有印装质量问题可更换）

长久以来，风险与人生相伴相行，而风险教育是缺失的，人们对于保险的系统认识也比较匮乏，因此，人们很难对保险有客观清晰的了解。

如果一本书系统地告知人们购买保险的科学方法，就能影响更多的家庭正确地购买保险，对风险管理有系统的认知。当风险来临时，人们可以轻松转嫁风险，平稳度过风险。

保险从业者应深入一线向客户做风险教育，传递保险的意义与功用，为推动保险行业发展做出重要贡献。随着市场变化和保险意识的提高，越来越多的客户将关注点着眼于"怎样科学合理地购买保险"这一话题。

而保险作为契约合同，细节复杂，也需要跨学科知识的交融学习，这对新一代的保险从业者提出不小的挑战。如果有一本书能够将保险知识全面的讲述，保险行业者系统学习后，将会夯实内容，提高自身在行业的竞争力。

想起一位前辈讲过的话，保持本分和平常心。本分是原点，平常心是回归事物的本源和本质，做对的事和把事情做对，对的事，才能经得住时间的考验。做人做事如此，保险的价值也是如此。希望这本书带大家拨开面纱，回归保险风险管理的本源，协助大家理性分析保险对自己和家庭的价值。

如果大家能在本书中获得启示和启发，这将是本书最大的价值。人生在世，学无止境，愿我们怀着美好向往，去探寻和感受更丰富的旅程。

最后，愿大家平安喜乐，内心平和富足。

陈宁

2024.10.28 写于青岛

目 录
Contents

第一课　保险的本质

一、保险的本质

保险是指投保人按照合同约定，向保险公司支付保险费，保险公司对合同约定的可能发生的事故，因其发生所造成的财产损失承担赔偿保险金责任，或当被保险人死亡、伤残、疾病或者达到合同约定的年龄、期限等条件时承担给付保险金责任的商业保险行为。

简单地说，就是投保人付给保险公司保费，保险公司在合同里约定的事情发生后，保险公司支付赔偿和保额，投保人用现在手头的钱，在未来某种特定情况下得到保险金。保险对应的是未来的风险，风险是概率问题，所以保险是分担风险的金融工具，它试图把不确定转化为可控风险。

（一）保险的功能

1.疾病保障功能

从概率上讲，保险是一个人未来可能会面对的风险由整个集体共同承担，一个集体中所有人在同一时间遇到突发情况的可能性较低，所以集体形成的资金一般可以应对个体突发的需要。

尤其是减少低概率高风险事情发生带来的破坏性，如意外险、医疗险、重疾险可以降低不可控风险发生时家庭面临的财务损失。虽然未来的风险不可控，但是保障类险种可以在一定程度上让家庭的经济损失相对可控。保险就如调味的盐一样，在生活中不可或缺也不可过量，每做好一份保障，生活便能更加从容。

2.资金管理功能

胡适说："保险的意义，只是今日作明日的准备，生时作死时的准备，父母做儿女的准备，儿女幼儿时做儿女长大时的准备，如此而已。今天预备明天，这是真稳健；生时预备死时，这是真旷达；父母预备儿女，这是真慈爱，能做到这三步，才能算作现代人。"

保险年金类的保障，也是一种风险控制。每个人年轻力壮时收入相对较高，随着年龄的增长，劳动力逐渐衰退甚至丧失，年金是在收入高时存钱，在丧失劳动能力时有收入来源，具有资金管理的功能。

3.资金传承功能

《孙子兵法》："胜兵先胜而后求战，败兵先战而后求胜。"能打胜仗的部队，总是先确保自己不败，然后才会寻找机会同敌人交战；总打败仗的部队，总是先与敌人交战，然后在战争中企图侥幸取胜。保险在生活中更像风险的手刹，在遇到风险时可以刹车，而不是在风险中一直高速冲下去，做好风控，确保我们先处于不败之地，然后再择时寻求机会。

每一份保险设定了投保人、被保险人、受益人，保单身故金具有专属性，属于受益人，被保险人身故后，保险理赔金指定传承给受益人，保险金不算作遗产，也使得保险具备了资金传承的功能。

（二）保险条款会骗人吗

过往保险从业人员专业度参差不齐，给行业风评和口碑埋下了雷。保险是一份合同条款，在国家金融监督管理总局登记备案时条款就已经固定，上市后同一款产品的条款不会再有任何变化。

产品条款写在合同条款里，条款不会说话，但人会说话，所以不靠谱的并不是产品条款，很可能是销售者不按照条款文字讲解。产品条款保什么不保什么都写得很清楚，它无法把控产品销售者是不是在原有基础上有夸大的讲解。实际上，部分销售个体和保险公司在培训或宣传产品时存在夸大的行为，很多人却把销售个体的责任转嫁到了保险条款上。

二、保险发展的阻力

保险本质是一种风险管理模式，中国传统家庭一直也有规避风险的方式，最初的家庭风险管理方式是储蓄和亲属支持，这是历史沉淀下来的习惯。《生老病死的生意》一书中提到，现代保险基于概率论的逻辑，试图让不可控的风险变得可计算、可管理，假定人的寿命或身体的损失可以通过金钱来进行经济补偿。从这方面来看，保险销售不仅是销售一种商品，更像是传播一种理念，一种借助工具进行风险管理的理念。

理念很难在短期内改变，所以保险遭遇了很多来自文化的抵抗。《道德与市场》一书记录了美国市场发展初期遇到的最大障碍是整个社会的文化观和人寿保险的理念针锋相对，当时盛行的社会观念认为人的生命是神圣的无价之宝，这种看法与人寿保险为生命定价的逻辑相互排斥，人们很难接受用经济价值来衡量人类生命。

中国传统文化中不愿谈论不幸的事情，认为不吉利，认为凡事要往好处想，不要往坏处想，这种事情不会发生在我身上，我没有那么倒霉。中国传统文化中的生死观造就了避谈死亡的文化禁忌，尤其关于意外死亡的话题，人们既不想去谈论它，也不愿想到它，突然死亡令人畏惧，这种文化禁忌与人寿保险"对死亡投保"的概念背道而驰，形成了一股文化抗拒力，让人们拒绝选择那些在死后才理赔和受益的产品。

中国传统文化中生死观里"善始善终"的含义也和人寿保险的逻辑有所不同，很多人认为自己能够善终，并不会遭遇意外，这种观念使他们对致命风险选择性关注，对重大风险选择性忽视。"善始"是指衣食无忧地生活到生命终结，"善终"意味着度过圆满的一生后死去。"善始善终"的观念传递了不同代的家庭成员之间抚养和赡养的经济义务，导致很多人对于养老，第一时间考虑的是社会和子孙养老。

《生老病死的生意》一书中提到，受儒家文化影响越深的地区，买保险的人口比例越低，家族宗族的发达也有一定的抗风险能力，对外部金融工具依赖性低一些。随着近年来城镇化的快速发展，家庭规模日益小型化，由村镇到楼层小区，邻里关系不断减弱，很多年轻人结婚后往往离开父母，独自居住，数代同堂的家庭也越来越少见，每个家庭都变成了一个小的"孤岛"，家庭变得相对独立，自己有困难时，很难指望得到邻居或亲戚的支持和帮助，核心家庭现在更多的是要靠自己。人们开始承担越来越高的经济风险和社会风险，生病、养老等大额支出更多靠自己。疾病支出之外，人们逐渐意识到死亡带来的巨大经济损失，从而接受人寿保险，将它视为一种人身风险管理模式，也逐渐意识到死亡承载的家庭经济责任，购买商业寿险可以从中得到保障，支持其他家人继续生活。由此可见，人们转嫁风险的意识在增强，从最传统的人身管理方式如亲友协助、子女赡养等，慢慢地转为个人储蓄或借助金融工具转移风险，由依赖转为独立。

源于文化理念的影响，具有理财性质的保险在国内更接地气，老一辈很多人将储蓄作为风险管理的首选，现在也是如此。很多人愿意接受购买人寿保险不是为了应对意外事故，而是为了储蓄和投资，把保险当成投资理财产品，淡化和"死"挂钩的寿险属性，因此，人寿保险和理财产品的组合在国内更受欢迎。如果人们的收入只能勉强维持生计，很少有人会把人寿保险视为生活的必需品，人寿保险的发展需要坚实的经济增长和人们购买力的提升，改革开放以来，人们的购买力不断提高，越来越多的家庭开始适应环境变化，借助保险这个金融工具转移大额医疗风险、给老年的自己存养老金，以此来应对未来生活的变数和不确定性。

三、不同保险公司的经营模式

每家保险公司在市场上都有自己的生存模式。《生老病死的生意》一书中提到，在占领市场份额和应对消费者的需求上，不同的保险公司其策略有所不同。有的保险公司对消费者偏好的响应比较冷淡，有的保险公司则宁可亏损也要照顾消费者的偏好。

为什么保险公司对消费者需求有明显的不同呢？很多保险公司在追求利润最大化还是占领更多市场份额上比较矛盾，有的保险公司严格遵循利润为导向的制度逻辑，有的保险公司则想先占领更多市场份额。正常情况下，市场份额带来利润，但很多受欢迎的产品可能并不能盈利，逼着保险公司在份额和利润之间作出艰难选择。

部分合资保险公司外资股东拥有几百年成熟的保险管理经验，它们往往倾向于选择稳定利润的保守策略，而不是冒险的模式。老品牌保险公司也是如此，只有在不牺牲产品利润率的前提下，才会尝试迎合消费者偏好。它们对任何可能造成利润亏损的产品都非常谨慎，消费者的偏好不能决定它们的产品开发策略。这么做虽然让它们失去了一些市场份额，但也因此避免了一些激进产品带来的利润亏损。

尤其经历过1996年到1999年降息的保险公司，当时一年期存款利率从10.98%迅速下降，意识不到利差损风险的保险公司还在疯狂做业务，通宵开门收业务，快速的降息让保险公司出现巨额亏损，因为它们需要兑付前几年发行的终身 8% 复利的保单，保险公司经受了严重的"利差损"，也让整个行业不堪重负。所谓的利差损就是给客户保单的回报过高，超过了保险资金的投资收益。

《迷失的盛宴》一书中提到，平安董事长在投资者说明会上回忆说，1996年到 1999 年 6 月销售的高利率保单的平均利率是 6.9%。2007 年，中国国际金融有限公司的研究报告称，平安人寿长期受利差损保单的困扰，当时保单的亏损超过 200 亿元，而峰值时（2050 年前后的）亏损将在 400 亿元左右。2003 年，高盛发表报告指出，中国人寿、平安、太平洋三家公司的利差损是 320 亿～760 亿元，这三家公司上市后披露的数据显示，这是相当保守的估计，市场化的平安和太平洋不得不在后续经营中自我消化这笔巨大的损失。经历过这段历史的保险公司冒过险，经历了卖得越多亏得越多的情形，之后不敢轻易尝试利率激进的产品，放下客户偏好和预期，用长远的眼光看当下的利率和产品才能保住利润，也能在客户服务上做更多的投入和经营。

很多新兴保险公司初涉市场，它们客户基数尚少，没有选择和经验丰富的保险公司为伍，也没有选择与潜在客户周旋，而是站在客户那边，对抗它们的竞争对手。消费者想要什么，它们就推什么，大胆地推出新颖却富有争议的产品。它们跳出传统的利润导向的模式，它们不总是考虑利益最大化，比起追求利润最大化，它们首先需要解决生存问题，这种困境让它们更愿意去照顾潜在客户的偏好，想获得更多的市场份额和客户沉淀。为生存而战是很多保险公司前期经营考虑的大事，很多公司没有历史包袱，公司起步期会优先考虑抢占市场份额，有了客户基数和资产，"赚利润"是之后几年考虑的事情，所以它们会牺牲利润，换取市场份额。

目前，市场上有上百家保险公司，每家保险公司都有自己在市场上的价值和核心竞争力。有的消费者觉得自己选择的保险产品性价比较好但公司品牌知名度一般，可能会遭到家人的批评和反对，所以他需要透彻地了解该产品的保障责任的优势，然后告诉家人该产品保障责任有多么全面，保险公司安全性都是一样的，这家公司可以提供终身服务。否则，他宁可多花点钱，增加一部分保费购买品牌公司的保险产品。

有的消费者觉得写进条款的保障责任是白纸黑字的条款，更踏实。比如，品牌公司保险产品的实力再大写进条款重疾只赔付一次，得了重疾也不会赔付两次，他们会更倾向于选择责任全面的保险产品，如癌症三次赔付，相较于软实力，他们觉得这样的保障责任更安心。

每个人的需求不同，每个消费者都是为自己的核心需求买单。消费者在选择保险产品时，可以考虑自己更关注哪几个维度，如条款责任全面、保费性价比高、公司经营稳定、股东实力雄厚、公司服务贴心等。通过综合考虑产品责任、公司实力、公司服务，然后选择最适合自己的产品和公司。

四、保险公司保费差异性分析

一般商品的定价是：价格 = 成本 + 利润，但保险是先交钱，若干年后才会赔钱，是对未来不确定性的预测，所以保费定价复杂。保险产品的保费由纯保费和附加保费两方面构成，如图 1-1 所示。纯保费分为风险保费（用于支付风险支出的预估成本）和储蓄保费（用于投资赚取收益的预留保费）两部分；附加保费包含渠道费用、运营成本、预留利润三部分。

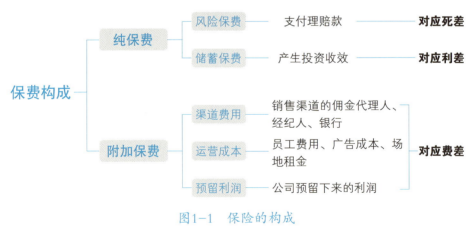

图1-1　保险的构成

（一）风险保费

风险保费是保险公司在出险时的理赔金，也就是预定发生率。可以理解为，消费者把钱交给保险公司后，如果发生事故，保险公司负责赔偿，在这之前，保险公司预测重疾、身故等风险在未来发生的概率，就是预定发生率。

预定发生率越高，意味着保障成本越高，反之，则越低。保险公司在给产品定价时，会参考《中国人身保险业重大疾病经验发生率表》和《中国人寿保险业经验生命表》，生命表是反映一个国家或一个区域人口生存死亡规律的调查统计表，而生命表上所记载的死亡率、生存率就是决定人寿保险的保费、责任准备金和退保金的重要依据。保险精算的依据相似，各家寿险公司在产品设计时风险保费略有差异，但对保费的影响可以忽略。

（二）储蓄保费

储蓄保费用于投资产生收益，在保险公司收钱和赔钱的时间差里，会用这笔钱投资，对投资收益的预测叫作预定利率，保险公司预估未来几十年，公司的投资收益率大概是多少，把这个参数做进保费设定的模型里，预定利率高，保险公司认为自己投资回报高，产品定价就便宜。

图 1-2 为 1990—2018 年银行一年期利率走势。保险公司 20 世纪 90 年代初期预定利率在 8% 左右，那时银行一年期存款利率普遍在 10% 左右，当时多家保险公司卖了一批储蓄险保单，最高达到 8.8%。当时保险公司卖的年金保单导致了巨大的利差损（保险公司投资收益率低于预定利率而造成的亏损）。这批保单也成了保险公司的历史包袱，保险公司现在经营的利润还要去贴补之前的利差损，这也是某几家保险公司的保费降不下来的一部分原因。

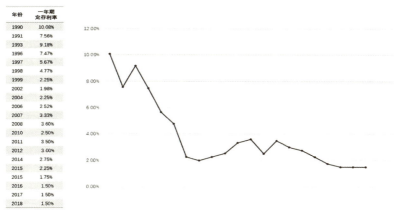

年份	一年期定存利率
1990	10.08%
1991	7.56%
1993	9.18%
1996	7.47%
1997	5.67%
1998	4.77%
1999	2.25%
2002	1.98%
2004	2.25%
2006	2.52%
2007	3.33%
2008	3.60%
2010	2.50%
2011	3.50%
2012	3.00%
2014	2.75%
2015	2.25%
2015	1.75%
2016	1.50%
2017	1.50%
2018	1.50%

图1-2　1990—2018年银行一年期利率走势

1999 年至 2013 年 8 月，银行业一年期存款利率急速下降，保险行业对保险公司预定利率有指导政策，将寿险预定利率上限设置在 2.5%，这个阶段的寿险产品，价格定价高，产品竞争力弱。图 1-3 反映了 1996—2023 年银行存款利率趋势变化和保险公司寿险产品预定利率的趋势变化。

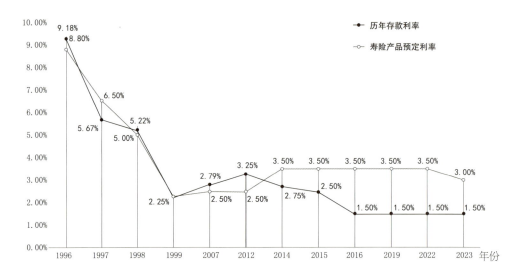

图 1-3　1996—2023 年存款利率和寿险产品预定利率变化趋势

2013 年 8 月，原中国银行保险监督管理委员会发布了《关于普通型人身保险费率政策改革有关事项的通知》，将普通型人身保险的预定利率提高到了 3.5%，同时国家为支持保险公司参与多层次养老保障体系建设，对国家政策鼓励发展的普通型养老年金或 10 年期以上的普通型年金保单，可在 3.5% 的基础上上浮 15%，即 4.025%。各家保险公司经营战略不同，有的保守有的激进，部分保险公司当年设计的产品预定利率达到 4.025%，部分保险公司仍然采用不超过 2.5% 的预定利率，保费会高很多，或者同样的保费，收益就要低很多。

2019 年，为了防止保险公司长期经营出现偿付能力不足的问题，原中国银保监会限制了预定利率 4.025% 的保险备案；2023 年原中国银保监会限制了预定利率 3.5% 的保险备案，假如保险公司预算的定价利率是 3.5%，保险公司投资的平均回报利率是 5%，中间的差额也是保险公司经营利润的部分来源。

（三）渠道费用

渠道费用包括代理人、银行、经纪人等销售渠道佣金。近几年在监管指导下，保险公司降本增效、报行合一（保险公司向监管机构备案的产品定价假设、费用假设，应与保险公司实际经营过程中所实施的保持一致），对渠道费用严格管控，科学化精细化成本管理，定期对费用假设回溯分析，保险公司在整体政策环境下渠道费用运行差异不大。

（四）运营成本

保险公司的运营成本主要包括销售过程中产生的人员费用、场地费用、宣传费用等，这部分费用可多可少，不同保险公司运营成本差距非常大，不少老牌保险公司分支机构遍布全国，甚至到村镇，分支机构越多，内勤服务人员越多，相应的场地费用、职工薪酬、办公支出、广告投入也会增加。

很多新成立的保险公司把业务搬到线上，智能核保提高时效减少了人力成本，自动生成的电子保单减少了打印和寄送成本，线上操作保全和理赔替代了人工客服，也不再设立各种分支机构……这些大幅节省了运营成本，节省的费用可以将保费成本进一步压低。

广告费用也是一笔不小的开销。2018 年三大险企广告宣传费用投入 183 亿元，平均每天的广告费用 5000 多万元，有的保险公司一年的广告费用达到上百亿元，有的保险公司几百万元就够了。这些费用从哪里来支出？保险公司是商业机构，最终目的是稳健经营和盈利，支出的费用也会平摊到卖出的保单里。

（五）预留利润

保险公司的利润主要来自死差益、利差益和费差益。死差益和公司的风险管理能力相关，利差益跟公司的投资能力相关，费差益和公司的经营管理水平相关，如图 1-4 所示。

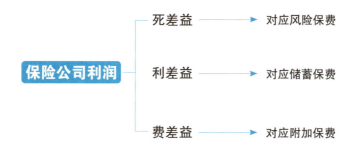

图1-4 保险公司利润的三个来源

死差益： 可以粗略理解为假设某产品是按照保障期间每 1000 人中有 5 个人去世设计的，如果期间 2 个人去世，实际减少了保险公司的死亡赔付成本，产生了死差益。

利差益： 在给产品定价时，保险公司会先精算一个收益率，如果实际得到的投资利率高于定价利率，多出来的收益就是利差益。利差益是保险公司最大的利润来源，也反映保险公司投资经营能力。

费差益： 保险公司卖每一款产品都会产生费用，会在销售前有经营费用的预算，如果公司在经营过程中节省了经营费用，则会产生费差益。很多成立比较久或头部的保险公司，不仅有大量的客户资源和品牌效应，而且市场份额已经很大，尤其是对于很多上市公司来说，需要保留一定利润向股东交代。

没有先发优势的保险公司，没有品牌效应和过往沉淀的客户资源，拼"品牌"是拼不过了，最直接有效的方式是压缩成本和利润，以高性价比产品吸引客户，通过产品抢占市场份额。但产品让利通常是短时间的，很多公司出过很亮眼的产品，保费规模起来后，产品也就中规中矩了。

部分公司广告成本高、人员成本及场地租金高，并且自身对于盈利的需求大于市场扩张的需求，保费自然就会高；部分公司品牌知名度及市场规模较小，本身经营成本较低，对于市场扩张的需求大于盈利的需求，预留利润较少，保费自然较低。

这是不同保险公司产品定价差距较大的原因，与公司预定利率、运营成本、预留利润等多种因素有关，保费价格与产品责任好不好没有太直接的关系。

五、保险公司会倒闭吗

不少消费者在配置保险前会有疑虑，我买的保单保障几十年甚至保障终身，万一保险公司倒闭了，我该找谁去赔钱呢？尤其是知名度不高的保险公司，如果经营不善，我的保单利益是不是会受影响？

有这个担忧很正常，但保险涉及几亿人的养老和医疗问题，政府监管机构对保险公司的监管体系是非常严格的。在我国开展业务的保险公司，无论中资、外资还是合资，都受《中华人民共和国保险法》（以下简称保险法）的严格监管，国内严格的监管体系降低了保险公司破产的概率，在保险公司出现严重问题之前，监管提前介入，妥善解决恢复经营。

（一）保险公司成立条件严格

保险法第七十一条　国务院保险监督管理机构应当对设立保险公司的申请进行审查，自受理之日起六个月内作出批准或者不批准筹建的决定，并书面通知申请人。决定不批准的，应当书面说明理由。

第六十八条　设立保险公司应当具备下列条件：

（一）主要股东具有持续盈利能力，信誉良好，最近三年内无重大违法违规记录，净资产不低于人民币二亿元；

（二）有符合本法和《中华人民共和国公司法》规定的章程；

（三）有符合本法规定的注册资本；

（四）有具备任职专业知识和业务工作经验的董事、监事和高级管理人员；

（五）有健全的组织机构和管理制度；

（六）有符合要求的营业场所和与经营业务有关的其他设施。

（七）法律、行政法规和国务院保险监督管理机构规定的其他条件。

（二）保险公司注册资本雄厚

保险法第六十九条　设立保险公司，其注册资本的最低限额为人民币二亿元。国务院保险监督管理机构根据保险公司的业务范围、经营规模，可以调整其注册资本的最低限额，但不得低于本条第一款规定的限额。保险公司的注册资本必须为实缴货币资本。

（三）保险公司经营监管严格

保险法第八十九条　保险公司因分立、合并需要解散，或者股东会、股东大会决议解散，或者公司章程规定的解散事由出现，经国务院保险监督管理机构批准后解散。经营有人寿保险业务的保险公司，除因分立、合并或者被依法撤销外，不得解散。保险公司解散，应当依法成立清算组进行清算。

保险法第九十二条　经营有人寿保险业务的保险公司被依法撤销或者被依法宣告破产的，其持有的人寿保险合同及责任准备金，必须转让给其他经营有人寿保险业务的保险公司；不能同其他保险公司达成转让协议的，由国务院保险监督管理机构指定经营有人寿保险业务的保险公司接受转让。转让或者由国务院保险监督管理机构指定接受转让前款规定的人寿保险合同及责任准备金的，应当维护被保险人、受益人的合法权益。

（四）保证金制度

保险法第九十七条　保险公司应当按照其注册资本总额的百分之二十提取保证金，存入国务院保险监督管理机构指定的银行，除公司清算时用于清偿债务外，不得动用。

（五）责任准备金制度

保险法第九十八条　保险公司应当根据保障被保险人利益、保证偿付能力的原则，提取各项责任准备金。保险公司提取和结转责任准备金的具体方法，由国务院保险监督管理机构制定。

保险责任准备金是指保险公司为了承担未到期责任和处理未决赔款而从保费收入中提存的一种资金准备。保险责任准备金，是保险公司的负债，保险公司把未来可能要赔的钱，提取出来存放指定账户，在未来某一天，被保人符合条件理赔时，保证这笔钱随时可以赔给客户。

（六）公积金制度

保险法第九十九条　保险公司应当依法提取公积金。

保险公司税后利润10%作为公积金，公积金是保险公司不作为股利分配，而储以备用的部分净利润。提取公积金的目的是，若保险公司出现亏损用以进行弥补，无亏损时增强其偿付能力发展经营，如公积金累计额达到注册资金的50%以上，就不再每年提取了。

（七）保险保障基金制度

保险法第一百条　保险公司应当缴纳保险保障基金。保险保障基金应当集中管理，并在下列情况下统筹使用：

（一）保险公司被撤销或者被宣告破产时，向投保人、被保人或者受益人提供救济；

（二）在保险公司被撤销或者被宣告破产时，向依法接受其人寿保险合同的保险公司提供救济；

（三）国务院规定的其他情形。

保险保障基金筹建、管理和使用的具体办法，由国务院制定。

保险保障基金制度是监管部门要求保险公司每年提取一笔钱放在保险保障基金，保险公司收的保费越多，承担的风险越大，要交的保障基金越多，由中国保险保障基金公司统筹管理。万一某家保险公司发生风险，严重危及社会公共利益和金融稳定，保险保障基金将对其进行救济。

保险保障基金接管也并非"接盘"，接管过程一般为"接管—整顿—退出"三个阶段，化解风险的同时实现保值增值，保险保障基金投资限于各类银行存款和债券。截至 2024 年 6 月 30 日，风险保障基金余额 2431.09 亿元，财产保险保障基金 1445.06 亿元，人身保险保障基金 986.03 亿元。

（八）偿付能力监管

监管机构设计了一系列数学模型和压力测试，来测试保险公司的偿付能力，偿付能力是当保险公司遭遇极端情况时，是否有能力履行保单赔付责任的指标。

中国保险业 2016 年开始实施第二代偿付能力监管体系，是全世界最严格的偿付能力监管体系，监管指标为核心偿付能力充足率、综合偿付能力充足率、风险综合评级三个指标，三个指标均符合监管要求的保险公司为偿付能力达标公司。

具体来说，核心偿付能力充足率衡量保险公司高质量资本的充足状况，不得低于50%；综合偿付能力充足率衡量保险公司资本的总体充足状况。原中国银保监会根据公司偿付能力状况将保险公司分为三类进行监管：不足类公司，偿付能力充足率低于100%的保险公司；充足 I 类公司，偿付能力充足率在100% ~ 150%的保险公司；充足 II 类公司，偿付能力充足率高于150%的保险公司。

偿付率是动态变化的数据，根据监管要求，核心偿付能力充足率不低于50%，综合偿付能力充足率不低于100%，如果跌破安全线100%，原中国银保监会就要求保险公司采取股东增持、限制业务范围、限制广告投放等办法让保险公司尽快将偿付能力恢复到最低安全线之上。

根据各家公司偿付能力的情况，监管机构会给各家保险公司评级，有A、B、C、D四个等级，评级可以在保险公司"公开信息查询"里查到。

（九）再保险机制

再保险也是保险公司转嫁风险的方式，也称分保，是保险人在原保险合同的基础上，签订分保合同，将其所承保的部分风险和责任向其他保险人进行再次保险的行为，可以理解为保险公司的保险公司。

保险公司只能承保自己能力范围内的保险标的，对单一事故承保损失额度不得超过实有资本金加公积金总和的10%，当单一风险额度过高时必须分保，也是为了防范风险。举例来说，一个人在 A 公司投保了5000万元的寿险，一旦出险 A 公司需要独自赔付5000万元，为降低风险，A 公司把5000万元分配给多家保险公司及再保险公司共同承保，一旦理赔多家公司共同赔付。

（十）保险资金运用监管

保险法第一百零六条　保险公司的资金运用必须稳健，遵循安全性原则。保险公司的资金运用限于下列形式：

（一）银行存款；

（二）买卖债券、股票、证券投资基金份额等有价证券；

（三）投资不动产；

（四）国务院规定的其他资金运用形式。

保险公司资金运用的具体管理办法，由国务院保险监督管理机构依照前两款的规定制定。

投保人所交的保费受银保监会严格监管，不是保险公司想怎么投资就怎么投资，对于投资股票、不动产、股权也设定了投资比例上限，资金主要投资方向是大额存单、国债、基础设施、公共服务项目、高速公路、铁路等基建项目。

（十一）限制预定利率

限制预定利率是计算人身保险产品保费时，预测收益率后所采用的产品定价利率。本质上是保险公司使用了客户的资金，承诺需要给客户的回报，可以大概理解为产品未来的收益率、客户资金的投资回报率，也可以理解为保险公司的负债成本。

如保险公司承诺的回报率过高，保险公司会承担较高的负债成本，产生利差损，不利于长期经营，监管为了控制保险公司的经营风险，会给保险公司设定预定利率上限。

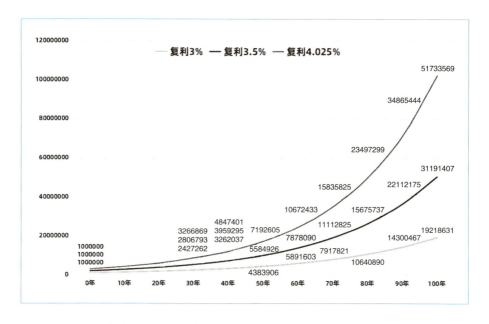

图1-6 本金100万元，复利3%、3.5%和4.025%若干年后的差别

2019年，国内人身保险预定利率上限从4.025%降到3.5%，2023年预定利率从3.5%降到3%，2024年8月31预定利率从3%降到2.5%，也是国家金融监督管理总局对保险公司长期经营的监管，控制利差损，降低保险公司长期经营的压力。

通过了解监管机构对保险公司多重机制的监管，对保单的层层保障，消费者在选择产品时，可以放下对保险公司的担忧，根据自己的需求，了解产品的责任和条款，选择最适合自己的产品和公司。

六、保险公司如果经营不善怎么办

（一）更换股东

保险公司如果经营不善，可能会选择更换股东，保险牌照属于较稀缺资源，每年批准新成立的保险公司很少，很多资本也想拿保险公司的牌照，所以保险公司更换股东较容易。

（二）监管机构指定保险公司接管

保险法第八十九条　保险公司因分立、合并需要解散，或者股东会、股东大会决议解散，或者公司章程规定的解散事由出现，经国务院保险监督管理机构批准后解散。经营有人寿保险业务的保险公司，除因分立、合并或者被依法撤销外，不得解散。保险公司解散，应当依法成立清算组进行清算。

保险法第九十二条　经营有人寿保险业务的保险公司被依法撤销或者被依法宣告破产的，其持有的人寿保险合同及责任准备金，必须转让给其他经营有人寿保险业务的保险公司；不能同其他保险公司达成转让协议的，由国务院保险监督管理机构指定经营有人寿保险业务的保险公司接受转让。转让或者由国务院保险监督管理机构指定接受转让前款规定的人寿保险合同及责任准备金的，应当维护被保险人、受益人的合法权益。

如果经营有人寿保险业务的公司破产，公司经营的保单和为保单准备的责任准备金转让给另一家保险公司，保险权益也会由新的机构接手，继续保障合同的权益，不能同其他保险公司达成转让协议的，政府监管部门会指定一家保险公司接管，合同权益依旧有效。

（三）保险保障基金注资

新华人寿、中华联合保险、安邦等在保险保障基金注资接管后平稳渡过危机，三家公司恢复了正常经营。新华人寿在接管后，2011 年上市，成为第一梯队的保险公司之一，安邦保险更名为大家保险公司。

1. 新华人寿被接管

2006 年，新华人寿董事长挪用公司巨额资金 130 亿元，严重危害了公司的利益，导致公司出现严重的经营危机。2007 年，原中国银保监会首次动用保险保障基金接管了新华人寿，通过先后增持新华人寿的股权，成为新华人寿的第一大股东，累计出资 27.9 亿元。

保险保障基金是保障被保险人的利益，支持保险公司稳健地经营，保险公司需要按照其保费收入的一定比例提存保险保障基金，也就是客户每买一份保单都要按比例缴纳保险保障基金，一旦保险公司出现了风险，这笔基金就可以用来去支持化解风险。

保险保障基金接管新华人寿的两年时间里，帮助新华人寿平稳运行，逐步化解了风险。2009 年，中国保险保障基金将持有的新华股权转让给了中央汇金公司，总计 40.58 亿元，顺利完成接管工作，之后新华人寿实现了 A 股和 H 股同步上市，保单持有人的利益没有受到影响。

2. 中华联合被接管

中华联合保险经过多年业务高速扩张后，公司经营层面出现了巨额亏损，2007 年公司亏损高达 64 亿元，公司偿付能力出现了很大的问题。

2011 年 12 月，保险保障基金介入并控股中华联合保险，持有 8.6 亿股，持股比例 57%；2012 年 3 月，中国保险保障基金为确保中华联合保险化解风险再度增资，根据原中国银保监会的公告，中华联合保险通过这次增资，公司注册资本从 15 亿元跃升到 75 亿元。增资完成之后，中国保险保障基金的持股比例从 57% 上升到 91%，公司偿付能力大幅提升，公司管理层也调整了业务风格稳健经营，中国保险保障基金的任务顺利完成，公司风险顺利化解，公司价值也有了大幅提升。

2012 年 9 月，中国保险保障基金引入新的投资者，将持有的中华联合保险的股权转让，最后中国东方资产管理公司、辽宁成大、中国中车、台湾富邦人寿等成为中华联合保险新的股东，中国保险保障基金退出。

3. 安邦保险被接管

安邦保险成立于 2004 年，成立后公司快速扩张增资，注册资本从 2005 年的 5 亿元增加到 17 亿元，2011 年注册资本涨到了 120 亿元，2014 年注册资本涨到了 619 亿元，成为全国注册资本最高的保险公司。

有了资金支持，安邦保险的保费也快速增长，2013 年保费收入 200 多亿元，2015 年保费收入 1500 亿元，2016 年保费收入超过 5000 亿元。

2018 年 2 月，安邦保险集团董事长因涉嫌经济犯罪被提起公诉，经过审查，安邦保险在经营中有很多不合规甚至不合法的操作，原中国银保监会对安邦保险进行了接管。接管后，中国保险保障基金向安邦保险注资 608 亿元，填平了资本金。

而后，中国保险保障基金、上海汽车工业（集团）总公司、中国石油化工集团有限公司共同出资设立大家人寿保险股份有限公司，承接了安邦保险集团合规的业务和资产，安邦保险更换了公司名称，注册资本 203.6 亿元，保单持有人的权益没有受到任何影响。

第二课 个人健康风险管理

一、有医保，还有必要买商业医疗保险吗

前几年在朋友圈里广泛传播的《流感下的北京中年》一文中，作者详细记录了岳父从一场感冒演变成肺炎，最终老人住进了 ICU，承受了难以想象的痛苦，整个家庭陷入了意想不到的危机。老人在 ICU 每天至少 2 万元的费用，用药、求血、插管、人工肺，花费了几十万元，最后全家甚至打算卖掉老家和北京的房子来维持治疗。

生病的岳父有医保，退休职工的报销比例比居民报销比例更高，但就诊时没起到最关键的作用。因为自费药、ICU 进口药等不在医保可报销范围内，这也反映了医保的特点：广覆盖，保而不包，不能 100% 报销住院花费。

社会保险包含养老保险、医疗保险、失业保险、工伤保险、生育保险，其中医疗保险和养老保险是大家日常主要关注的保障。养老保险一般有最低缴费期，至少缴满 15 年，到法定退休年龄开始领退休金。医疗保险一般分为三类，即新农村合作医疗保险、城镇居民基本医疗保险、城镇职工基本医疗保险，这三类中城镇职工基本医疗保险在报销比例上最有优势。

（一）商业保险保障范围广

我国基本医保年度参保率稳定在 95% 左右，基本实现了全民医保，但还会发现各种众筹平台发布疾病筹款求助链接，因为我国人口众多，社会保险覆盖十几亿人的医疗花费，尚未做到全面保障，解决所有的医疗花费。

医保每年有一定的报销额度，即使药品和治疗都在报销范围内，医保也不是无限制报销，一般医疗每年的报销额度为 20 万 ~ 30 万元，有的一线城市报销额度可达 50 万元。对于医保的报销，每个医院有起付线、封顶线、报销比例、药品目录、自费药、报销额度等限制。起付线是达到一定的金额后，才可以报销。

医保目录是医保的报销范围，医保规定了检查、药品的报销范围，对不同的药品报销比例不一样。国家药品目录将药品分为三类，即甲类药、乙类药、丙类药。甲类药，社保 100% 报销，药品种类比较少；乙类药，社保报销部分费用，剩余部分自费；丙类药，医保完全不报销，由个人承担，丙类药种类最多，也就是大家常说的自费药，比如 ICU 进口药、特需医疗部等社保不报销。医保目录的更新一般滞后于医疗技术的发展，很多新的药品新的治疗方式短期可能无法纳入医保。

商业保险有医疗险、重疾险、意外险等，是保险公司经营，个人自主和保险公司签订合同，根据个人情况和需求补充的保障。产品保额、免赔额、是否报销私立医院等自定，花费自己支付，保险公司根据合同条款提供后续相应保障，满足基础保障之外个人的个性化保障需求。例如，商业医疗险可以报销社保覆盖不了的保障范围和保障额度，如保额可以每年保障到 300 万元或 400 万元，保障范围可以覆盖社保报销不了的自费药、特效药等。

医保投保没有健康告知，如有心脏问题、血糖问题、脑血管等长期服药问题，不管身体状况如何，可以继续投保。不限职业不限年龄，不考虑既往病史，这方面社保很有优势，不会因为身体变差无法续保，只要每年不断缴，可以一直投保。在住院医疗方面，医保和商业医疗险不是替代关系，在一定程度上可以互补。

（二）提供医疗服务和就医资源

医保在住院过程中自己先垫付医疗费用，然后出院报销，部分中高端商业医疗险可以住院直付，无须个人垫付医疗费用占用现金流。

商业医疗险还可以提供住院报销外的其他增值服务，如重疾住院绿通、癌症第二诊疗意见、海外专家门诊等，中高端医疗还可以报销公立医院特需部、国际部，以及私立医院的住院花费，对接更优的医疗资源。

（三）商业医疗保障杠杆高

商业医疗险保费是不是很贵，这需要看投保的年龄，选择的产品责任和保障范围。同一款产品的保费根据人们在不同年龄段生病的概率不同设定，一般每 5 年为一个保费变化梯度，0 ~ 7 岁幼儿抵抗力还没有完全形成，保费相对会贵一点，老年阶段体质变弱保费也会不断提高，青年阶段身体较强壮，保费较低，30 岁选择一份 1 万元免赔 400 万元保额的普通医疗险，每年保费三五百元，选择 0 免赔医疗险，每年保费 1000 元到几千元，覆盖大大小小的住院支出。

很多人把医疗险当成重疾险的附加险，认为买了重疾险等其他主险才可以购买医疗险，其实不是，各家保险公司的百万医疗险可以单独购买。大部分百万医疗险是一年期产品，不保证续保，但也有长期百万医疗险，产品在合同上写入"6 年为一个保证续保期"或"20 年保证续保"，对于被保险人来说，也是一个长期的保障。

二、医疗险，解决住院医疗花费

（一）细看一款医疗险保障责任

医疗险是报销住院医疗花费的险种，被保险人在医院发生的大病小病合理且必需的住院治疗费用，按合同条款报销。

1. 医疗险保障额度

不同医疗险有不同保障额度，年度限额是在一个保险年度内，所有医疗费用报销加起来最高不超过一定的额度。例如，百万医疗年度限额 400 万元，是住院费用加门诊特殊病费用等每年不超过 400 万元。带门诊的中端医疗险，有住院和普通门诊费用限额，年度总限额就是住院费用加普通门诊年度限额。

2. 住院治疗费

公立医院一般包含三个体系，即普通部、特需部、国际部。从住院花费、医疗品质和医疗体验上看，普通部医疗费用和医疗品质一般，国际部费用最高。

公立医院普通部可以对接社保，大部分人就医一般选择普通部。特需部是特殊医疗需求部，最初应对的是一些有特殊需求，如比较紧迫需求的患者或特殊人员，如老干部病房、单人病房等。有的患者去三甲医院作检查，需要预约到两周后，患者希望早点检查，可以选择特需部挂号，承担更高医疗费。公立医院特需部隶属于公立医院，但一般不在社保报销范围内，就诊患者承担更高挂号费、更高检查费和治疗费，挂号排队时间短一些，就医人数少，环境也会安静一些。

国际部：国际部开立初期是因为语言沟通问题，方便外籍患者和医生进行有效沟通，中国一些顶级公立医院开设了国际部，如北京协和医院、北京中日友好医院等。现在国际部满足了部分消费者对品质医疗的需求，享受更好的医疗品质，更充足地和医生沟通，愿意承担更高医疗费用。国际部挂号费为 500 ~ 1200 元，检查费和治疗费也是普通部的几倍，普通部可以使用社保，而国际部和特需部一样，不能使用社保身份去就医。

私立医院：公立医院是国家或政府合作开办的非营利性医院，私立医院一般是私企创立的营利性医院。如何区分医院是公立还是私立，可以通过城市卫生健康委员会网站查询。百万医疗险一般只能覆盖公立医院普通部花费，中端医疗险可以扩展公立医院特需部和国际部，高端医疗险可以覆盖公立医院和条款目录内私立医院的花费。

昂贵医院：昂贵医院医疗收费水平远高于私立医院和公立医院，一般存在于高端医疗险，高端医疗险会根据是否包含昂贵医院将昂贵医院单独列出来。国内上万家医疗机构真正被列为昂贵医院的可能只有十几家，如和睦家医院、明德医院等。不同保险公司对于昂贵医院的认定标准不同，可能同一家医院在一家保险公司被认定为昂贵医院，在另一家保险公司属于普通私立医院。

为什么会被称为昂贵医院？以住院费为例，普通公立医院双人间可能一晚床位费是 30 ~ 100 元，某昂贵医院单人间一晚床位费 8000 元，并且这 8000 元只是一晚住宿的费用，没有附加任何护理治疗以及药物。

3. 覆盖区域

医疗险报销医院和保障区域不同，不同医疗险对接的是不同的医疗体验和背后的医疗资源。最基础的覆盖区域是全国各地，如百万医疗可以报销中国公立医院普通部，如果在私立医院就诊是无法报销的，在境外就诊也是无法报销的。少数中端医疗险报销区域可以扩展到中国香港、台湾和澳门地区。然后是亚洲地区和亚太区域，亚太区域是亚洲及太平洋地区，包括亚洲、新西兰、澳大利亚等国家。然后是全球范围除美国和加拿大，保障全球范围去除美国和加拿大。更全面的保障区域是全球含美国和加拿大，覆盖全球保障责任，美国的医疗费用远高于其他国家或地区。

4. 普通门诊和特殊门诊

普通门诊责任，指患者不需要住院实施的相应治疗，不是所有医疗险都含有普通疾病门诊责任，普通疾病门诊责任一般存在于中端医疗险和高端医疗险的附加责任选项中。

第一，门诊常见费用是挂号费、检查费、药品费、治疗费。

挂号费，不同产品中有不同限制，有的有次数限制，如全年不超过 50 次；有的产品规定单次挂号费不超过一定额度。名称也有所不同，如挂号费、医生费、医师服务费等，通常称为挂号费。

检查费，是指在门诊急诊发生的以寻找病因或确诊疾病为目的采取的检查检验费用，如验血验尿，做 X 射线、心电图、B 超、CT、核磁等，医生根据检查结果去实施对应的治疗。一般检查费和大型检查费，如果单次检查超过 8000 元等，需要提前和保险公司预授权。对于保障责任，有的是入院或日间手术前后的门诊和急诊所有费用都能报销，有的只包含医生的诊疗费用和检查费用，不包含药品费。

药品费，是指在门诊完成检查和问诊，医生开具的处方药品的费用。一般来说，门诊药品费只能报销中成药或西药的费用，对于中草药或中医治疗，大多数医疗险会把它单独列出做限额，很多患者看中医或开中草药时，并不是100%出现疾病，可能是亚健康进行的中医中草药调理。因此，保险公司一般会做一定限制，如中草药全年最高赔付2000元，中医推拿物理治疗全年最多赔付10次，通过次数限制或全年总限额，在一定程度上规避逆选择。

治疗费，是指包括各种门诊检查、门诊手术、治疗等非住院诊疗服务的花费。

第二，住院前7天、住院后30天的门诊急诊医疗费。

住院前后的门诊急诊医疗费也可以报销，普通医疗险一般包含被保险人住院前后某个时间段如7天内与导致本次住院疾病相同的门诊花费；如因肾结石住院，住院前在门诊做B超时发现了肾结石，这次门诊是可以报销的，因为肾结石手术住院，出院后一个月发生的复查费用也可以报销。

住院前后的门诊急诊费用需要和住院有相关性，如肚子疼去医院，医生检查后发现是急性阑尾炎，需要立马住院，急性阑尾炎前发生的肚子疼的门急诊可以报销。如果肺炎去门急诊就诊检查，过几天发生了骨折住院，虽然满足住院前7天的门急诊，但和骨折住院不具有相关性，是无法报销的。

第三，牙科门诊责任。

普通疾病住院门诊没有额外覆盖牙科责任，拔牙补牙这种疾病牙科是不能报销的，但如果买了门诊责任，发生意外磕碰如牙掉了，去门诊做紧急处理的花费是可以报销的。

第四，特殊门诊责任。

被保险人购买了住院责任，除了常规住院费用，住院医疗责任还会把一些特殊门诊花费视为住院医疗，如门诊手术或一些特定疾病的门诊治疗，如肾透析、癌症治疗或器官移植后的排斥反应治疗。器官移植后免疫系统会发生严重的免疫排斥反应，需要定期治疗抑制免疫反应，这就属于特殊门诊，可以共享住院报销的额度。门诊手术费也可以通过特殊门诊费用报销，在不同的医疗险中，门诊手术是否可以共享住院的总保额有不同的约定。

（二）医疗险分类

如果对商业医疗险进行分类，按产品覆盖区域、覆盖医院范围、产品责任、产品保费或产品的增值服务，可以分为普通医疗险、中端医疗险、专项医疗险和高端医疗险等。

1. 普通医疗险

低免赔、低保额的小额医疗险：报销小额住院花费，一般保额为 1 万 ~ 5 万元，免赔额低或没有免赔额，社保报销后剩余的小额花费可以报销，比如可以覆盖肺炎感冒等花费。

高保额、高免赔的百万医疗险：百万医疗险保额 300 万元或 400 万元，在市场上比较热销，一般有 1 万元免赔额，社保报销后自费金额达到 1 万元可以报销，比如住院花费 2 万元，社保报销了 1.1 万元，自费 9000 元，自费不足 1 万元，百万医疗险报销不到。百万医疗险可以分担大额支出，比如住院花费 80 万元，社保报销了 20 万元，剩余 60 万元的花费，商业保险减去 1 万元的自费金额，报销 59 万元的住院花费。

每份百万医疗险的额度都有几百万元，同样保障责任的医疗险不建议重复购买，医疗险是报销型的，报销需要提供就诊花费的发票，一张发票只能报销一次。只有报销的费用在一家超过保额了，才能在另一家报销剩余的花费，当然 0 ~ 1 万元的小额医疗险和 1 万元免赔的百万医疗险可以组合购买。

现在也有许多保险公司开发了 0 免赔高保额的医疗险，可以同时覆盖住院大大小小的医疗支出。

另外，重疾险和医疗险责任相互补充，重疾险转移的是大病风险，发生重大疾病才赔付，医疗险转移医疗支出的风险，不限大病小病凭发票报销，医疗险报销也不会影响重疾理赔，重疾理赔根据重疾买的保额赔付，不会扣除医疗险报销的部分。

2. 中端医疗险

目前，医疗资源分布极度不平衡，集中化是目前的趋势，全国最好的医院、最好的医生，大部分集中在一、二线大城市。小病小痛感冒发热牵涉不到医疗资源，但比较严重的疾病，病情比较复杂，就会遇到医疗资源不匹配的问题，对同一疾病的治疗方案天差地别。

很多三甲医院设有国际部和特需部，国际部病房和私立医院基本有单间、套房等配套设备，住院环境有空调、独立卫生间，有冰箱和电视，安静、整洁、舒适，患者隐私得到保护。区别于普通部长龙般的排队挂号，国际部门诊不用长时间排队，不会出现排队 2 小时，5 分钟内就诊断完的情况，体验好，但费用不菲，单门诊挂号费 300 ~ 800 元，甚至更多，这些费用社保、普通的商业保险百万医疗险无法报销。涵盖公立医院国际部的中端医疗险，可以覆盖国际部住院费用。

中端医疗险报销额度几百万元，相比于普通医疗险，中端医疗险可以选择 0 免赔，几百几千元的住院花费都可以报销，就诊医院在公立医院普通部外可以附加特需部、国际部，如报销北京协和医院国际部单人间的花费。免赔额是自费要花的钱，1 万元免赔是每年社保报销后自费 1 万元以上才能报销，0 免赔是住院发票花的钱社保报销后，剩余部分 100% 报销。比如住院花费 2 万元，社保报销了 1.1 万元，自费 9000 元，自费部分 0 免赔医疗险可以全额报销，对很多家庭来说1万元以内的花费不会带来太大的影响，但也是相对高频的医疗支出。

医疗险一年保费几百元到上千元，未来几十年保费几万元以上，未来30年一家人一次不生病不住院的概率较低，用不到是自己最期望的，万一有就诊住院，一次可能就是几万元的花费，0免赔的医疗险就如同给自己或家人建了一个专款专用的住院医疗账户，账户保障几百万元，把全家人每年在医院住院的不可控花费控制在每年的保费内，保护家庭其他资产不受损失，不用再担心高额住院花费了。

中端医疗险还可附加普通疾病门诊。一般门诊费用每次三五百元到三五千元，这样的花费对家庭来说虽然不是大支出，但是是高频支出，如果希望医院里大大小小的花费保险都可以覆盖，可以选择带门诊责任的中端医疗险。

3. 专项医疗险

专项医疗险一般是针对重疾的海外医疗险。重疾医疗险主要解决癌症等重大疾病治疗费用高昂的问题，重疾如果仅仅是费用高昂，或许就不叫重疾了，所谓重疾是同时在治愈上难度也很大。

国内部分疾病医疗水平限制是很多人购买专项医疗险和全球医疗险的原因，中外治愈率相差不大的疾病，或国内治愈率远超国外水平的疾病，不是大家担忧的风险，如心脑血管疾病，国内治疗水平不比国外差甚至优于国外。选择海外就医的癌症患者占比高一些。

以癌症（恶性肿瘤）为例，医学的发展让越来越多的癌症不再成为绝症，但肿瘤诊疗水平、筛查技术、早期诊断技术等医疗技术有区域差异，全球不同地区癌症治愈率差距百分之二三十，对于重症患者来说，哪怕只差百分之十几甚至百分之几，也是全部。海外专项医疗险就是除了报销国内医疗花费，还可以选择日本、新加坡、美国就医。

如果一些免疫药品对癌症治疗有明显效果，新药一般需要反复临床试验才可以审批上市，药品可能还没有上市或晚几年才上市，对于癌症患者来说，可能很难等待更长时间。如果去治疗癌症水平更高的国家治疗，可能一个疗程就要花费几十万元或上百万元，对于普通家庭来说是比较昂贵的治疗花费，因此才有了海外重症医疗产品的出现。

全球高端医疗年缴保费动辄每年上万元，部分消费者认为高端医疗保费较贵，会关注专项医疗险，只转移特定重大疾病医疗风险，每年几千元保费，发生特定重大疾病可以去拥有更先进医疗水平的区域治疗，报销几百万元或上千万元的医疗额度。专项医疗险可以和内地百万医疗险或中端医疗险组合，覆盖在国内医疗险的支出和特定疾病海外治疗的花费。

4. 高端医疗险

百万医疗险解决大额住院花费问题，中端医疗提高就医品质，就医体验，就医效率。高端医疗解决的是全球就医高额的医疗费，对接世界顶级医院和权威医生的医疗资源。医疗资源和医疗品质背后是较高的医疗成本，保险公司设计了这类产品，相当于有需求的客户自行承担较高的医疗保费来转嫁医疗风险，对接全球医疗资源。

高端医疗险在哪些方面高端呢？

第一，就医保障全面。

普通百万医疗险报销公立医院普通部就医，高端医疗险可以覆盖公立医院特需部、国际部、私立医院、全球顶尖医疗机构等。

高端医疗险报销额度高，每年 500 万元到几千万，甚至有的高端医疗险报销额度没有上限，医疗就诊地域可以选择大中华区、亚洲、全球等，根据想对接医疗资源的区域选择医疗险覆盖的区域。

第二，就医体验好。

普通公立三甲医院每天是爆满的状态，挂号难，排队长，就诊时间短，特需部、国际部、私立医院就医环境舒适，就医私密性更好，可以和医生有较长时间的沟通，高端医疗险报销住院 VIP 单间花费，不用较长时间排队。

第三，直付服务。

高端医疗险一般有直付功能，投保后会获得一张实名认证支付卡，高端医疗险一般在全球有自己的网络医院列表，在医院就医产生的费用不需要出院时单独结算，由保险公司与医院直接结算。

住院不占用现金流，也免除了烦琐的理赔流程，不用收集汇总理赔的资料，担心单据丢失等问题，极大地简化了就医流程，提升了就医体验和就医服务。

第四，外购药政策好。

公立医院普通部就医通过社保结算，由于药占比、社保外用药等因素限制，导致部分药品无法在住院期间购买或报销。高端医疗险覆盖支付的医院更广，药品购买限制小，如对恶性肿瘤赔付，正常合理的药品费用支出是涵盖的。

第五，可附加门诊责任。

中高端医险疗可以加门诊责任，门诊发生的概率远高于住院，所以添加门诊责任的高端医疗险保费会增加不少。部分高端医疗险，儿童不能单独投保，保险公司认为儿童抵抗力还没有完全形成，生病的概率高，出险概率大，理赔率高。不过也有少部分保险公司，儿童可以单独投保高端医疗险。

高端医疗与其说是一份保险，更像是一张可以连接全球医疗资源的 VIP 卡，通过保险公司调配医疗资源，以较快的速度获得优质的医疗服务，提供顶级的治疗环境和医疗技术。

（三）选购医疗险的注意事项

1. 投保时有无社保

医疗险一般有两种费率设定，一种是有社保费率，另一种是无社保费率。有社保费率和无社保费率之间存在一定差异，消费者选择有社保费率投保，费率会稍微低一些，甚至能便宜一半，如一款百万医疗险，以 30 岁为例，有社保费率三五百元，而无社保费率则千元左右，城镇职工社保、居民社保、新农合都属于社保。

按照有社保费率投保，理赔时须先通过社保赔付，通过社保赔付之后，才能得到剩余部分保险公司的全部赔付，否则，保险公司按 60% 赔付。选择无社保费率投保，理赔时，就医有没有用社保报销保险公司是不过问的，不影响保险公司赔付比例，这也是有社保费率和无社保费率存在费率差别的原因。如果习惯于公立医院特需部就医，首先需要选择可以覆盖特需部的保险，另外需要选择无社保费率投保，因为特需部挂号，多数医院不支持社保卡挂号，须通过现金自费形式来操作。

2. 免赔额

免赔额通常有两种形式：一种是年度免赔额，另一种是次免赔额。医保住院大部分是次免赔额，如每次住院免赔额 800 元，商业医疗险对于住院一般是年度免赔额。普通百万医疗险，保险公司会设置一个免赔额，一般是 1 万元；高端医疗险和中端医疗险，保险公司一般会把这个选择权交给客户，客户自己选择是否设置免赔额，可以选择 0 免赔、5000 元免赔或 1 万元免赔。

按照免赔额抵销方式不同，可以分为绝对免赔额和相对免赔额。相对免赔额，是指只要通过其他方式支付的医疗费用超过了免赔额，如自费支付了

1万元医疗费用，或通过别的商业保险报销了1万元，或社保报销了1万元，都可以认为已抵销了免赔额。绝对免赔额，是指消费者可以通过自费或其他商业健康险抵销免赔额，通过社保统筹账户支付的费用保险公司不予认可。

如消费者买了相对免赔额的中端医疗险，花费20万元，社保报销了8万元，保险公司会认为这8万元已经抵销了医疗的1万免赔额，剩余的12万元可以得到保险公司100%报销。大多数百万医疗险是绝对免赔额，如消费者买了一款绝对免赔额的百万医疗险，医疗费用花了20万元，最终社保报销了8万元，剩余12万元自费。这12万元的自费，保险公司需要扣除掉1万元的免赔额，最终只会报销11万元。选择医疗产品时需要看清条款里对于免赔额是相对免赔还是绝对免赔。

3. 医疗险除外责任

医疗险和其他保险一样，有保障责任和除外责任，除外责任和保障责任一样重要，购买时需要了解清楚除外责任，如除外既往症、先天性疾病等。既往症，对于投保前被保险人已经有的既往症状，医疗险是除外的。先天性疾病，因为基因或发育等因素，被保险人在出生前就已经客观存在的疾病与症状。

典型的先天性疾病有兔唇、房间隔缺损等，不同的先天性疾病发现时间可能不一样，如兔唇大多会在出生时发现，有的先天性疾病可能会在出生一段时间后才能通过医学检查发现并确认。对于先天性疾病的费用到底能不能赔付，要看保险公司的条款是如何约定的，多数百万医疗险和中端医疗险，对于先天性疾病都是天然除外的，无论是投保前还是投保后发现并确诊。部分高端医疗险可以覆盖先天性疾病的相关医疗费用，但也是在投保后出现相关症状经检查确诊才可以赔付。

4. 合理且必需的医疗费用

非医疗必要性的检查，如医学美容、牙科、减肥等，不是为了治疗疾病，也不是必需的治疗花费，而是个性化需求，让生活呈现更美好的状态。如瘊子，如果是美容项目，不报销，有恶化可能性的就诊可以赔付。不孕不育、流产、受孕、分娩、盆底肌修复不理赔。幼儿包皮炎，多是因为细菌或真菌感染所致，清理清洁消炎是治疗方式，除非影响排尿或伴有严重并发症，一般不需要进行包皮手术，所以包皮环切术不一定可以 100% 赔付，需要看对应条款的责任。

近视激光矫正手术，普通医疗险不报销。减重手术，少数高端医疗险带有减重手术的医疗保障，减重手术和减肥手术不同，减肥手术是出于美观的考虑，医疗险是医疗必需的治疗才能赔付。减重手术获得理赔需要患者 BMI 指数达到一定数值，如超过 40，如果不做减重手术，对患者的身体健康甚至生命产生很大的威胁。

5. 等待期

等待期是说保险在生效后，保障责任在一定时间内是无法报销的，医疗险的保障期为一年，首次投保时一般有 30 天的等待期，后续续保无等待期，等待期内出险是不赔付的。

不同的医疗险对等待期有几种不同的描述。

（1）被保险人在等待期之内发生的病症，保障期内"任何时间都不赔付"，无论治疗日期是否在等待期内。

被保险人只要是在等待期内发生的问题，整个保险期间都不赔付。即使过了等待期，第二次、第三次复发，保险公司均不予承担，如客户在等待期内确诊为癌症，在整个医疗险期间都是不能得到相应赔付的。

（2）"等待期内"发生的费用，以及由"该次"住院或特殊门诊发生的所有医疗费用，保险公司均不承担保险责任。

被保险人本次住院或门诊是在等待期之内发生的，即便该次住院时间过了等待期，保险公司都不承担。保险公司不承担此次医疗花费，但是在等待期之后，再次发生相关症状的住院和门诊的费用，保险公司是可以承担的。

（3）被保险人在"等待期"内进行治疗发生的医疗费用保险公司不予承担。

对被保险人来说，这是最有利的，如等待期是 30 天，30 天内的医疗费用保险公司不承担，过了 30 天保险公司承担。而且等待期之后，如果客户是因为等待期之内的疾病或者症状就医，保险公司依旧承担。

三、重疾险，大病后的康复补偿

（一）重疾险的起源

保险业发展了几百年，但重疾险是 1983 年产生的，只有几十年的时间，重疾险的发明者不是保险公司，而是一名医生。重疾险的发明者——巴纳德，是南非一位著名的外科医生，做过世界上第一例心脏移植手术。作为心脏外科的权威，有很多人慕名而来，有一位 30 多岁的女性，她离婚了，自己带着两个孩子，当时她的手术很成功。但是两年后，这位患者再次找到巴纳德时却面容憔悴，脸色苍白，病情严重。原来生病后她一直在工作，她说自己是单身妈妈，两个孩子需要抚养，如果自己不去上班，她的孩子就没有生活来源，所以她术后马上投入工作，直至生命的最后一刻，但两个孩子永远地失去了他们的妈妈。

这件事情对巴纳德医生的触动很大，他发现术后越来越多的患者以及他们的家庭财务状况已经陷入绝境，他说，医生可以救治患者，甚至可以延长和挽救患者的生命，却不能挽救一个家庭的"财务生命"，解决不了患者因为缺钱而放弃康复治疗的问题，所以他萌生了设计一款保险产品的想法。他说，大家都需要保险，不仅因为人人都会死，还因为我们都要好好地活着，希望有一款产品能帮助患者在确诊重大疾病时能够获得一笔保险金来作为持续治病的费用。他希望不仅能延长患者的寿命，还可以维持他们的家庭在这样一个非常时期的生活质量，至少在身体生病时，财务还是"健康"的。

终于，在 1983 年，巴纳德医生和南非的保险公司合作开发了世界上首款重大疾病保险，保障四种疾病：心肌梗死、脑卒中、癌症、冠状动脉搭桥手术，巴纳德医生也因此被称为"重疾险之父"。重大疾病保险，并非仅为治疗疾病而产生，本质上也是为了解决患者家庭因为重疾而陷入的财务危机、医疗费用、康复费用、收入损失等问题。1986 年以后，重疾险被陆续引入英国、加拿大、澳大利亚、东南亚等国家和地区，并得到迅速发展。20 世纪 90 年代，重疾险进入中国，在之后的时间里，重疾险成为家庭风险保障体系里非常重要的产品。

（二）什么是重疾险

重疾险是给付型保险，不是什么疾病都能赔付，也不是住院了花了很多钱就可以赔付重疾险保额，它只赔付合同中约定的达到理赔标准的重大疾病，重疾险也不是特指某一种疾病，而是包含了很多种严重疾病，比如癌症、心脑血管疾病、器官移植等。发生保险合同约定重疾理赔标准，向被保险人给付保额，也就是说被保险人购买的重疾险保单合同的保额是多少，重疾出险时保险公司就应该赔付被保险人多少钱，赔付费用和住院治疗费用无关，这笔钱没有用途限制，不像医疗险需凭发票报销。

医疗险解决的是医疗费用的问题，是社保的补充，按住院发票的花费实报实销，报销社保报不了的住院费、手术费、住院检查费等。重疾险是按合同约定的保额，确诊了合同里的大病和理赔标准，给付合同保额，比如买了 100 万元保额的重疾险，确诊癌症，保险公司赔付被保险人 100 万元的理赔金。

像癌症等重大疾病，医院里做了短期治疗后可能需要几年的康复，出院是康复开销的开始，而在康复期患者可能会陷入焦虑，因为会有很长一段时间待在医院或家里不能工作，但房贷车贷、子女抚养，以及老人赡养的家庭开支还是要支出的，哪怕再节俭，只出不进的现金流也会让自己和家人有生活压力。医学里癌症有个概念"五年生存率"，癌症患者 5 年后继续生存，医学上认为是康复了，但是在 5 年内，最好能休息好，工作强度不能太大，有益于疾病的恢复，所以重疾险一次性赔付的保额可以覆盖住院治疗和后续康复的花费，也是收入的补偿。

（三）细看一款重疾险保障责任

1. 重疾保障期限

定期重疾险保障期限是一年以上、终身以下的重疾险，定期重疾险一般保障的是经济责任最重的青年、中年时期，不含重疾最高发的老年阶段，一定期间内的重疾发生率相比终身重疾险低，价格也便宜很多。终身重疾险保障终身，不用担心老了因健康问题买不到重疾险，比较省心，保费较贵。

年龄越大发生重疾的概率越高，预算充足，最好可以保障到终身。预算不足可以选择保定期，但不建议低于 70 周岁，55 ~ 70 周岁是重疾发病率大幅提高的时间，建议重疾险保障可以覆盖到这段时间。或者也可以组合起来购买，一份买到终身，一份买到 70 周岁，如买 80 万元保额，40 万元保障到终身，40 万元保障到 70 周岁，一方面保费不会太高缴费压力小，另一方面可以保障人们在步入老年后仍有重疾保障。

和医疗险一样，重疾险也并非购买后立即生效，都有等待期。等待期是从保单生效日开始，被保险人在一定时间内罹患的重大疾病，保险公司是不保障的，会退还保费，超过等待期，保障才正常有效，一般等待期是 90 天或 180 天。

2. 轻症和中症责任

轻症、中症大多是重大疾病的前期、中期阶段，可以理解为"早期重大疾病"。轻症和中症是相对于重症而言的，发生的疾病情况没有达到重大疾病的严重程度。如单目失明是轻症，双目失明是重疾。对于普通人来说，轻症也给身体带来了很大的伤害，如微创支架手术、癌症早期阶段原位癌、轻度脑中风等都是轻症。中症比轻症严重，但还没有达到重疾的理赔标准。

对于轻中症，保险公司按重疾一定的比例给消费者赔付，常见的轻症赔付比例是 20% ~ 30%，中症赔付比例是 50%，比如重疾的保额是 50 万元，轻症赔付 20% ~ 30% 重疾保额，为 10 万 ~ 15 万元；中症赔付 50% 重疾基本保额，为 25 万元。再如Ⅲ度烧伤，烧伤面积 20% 以上按重疾赔付，烧伤面积 10% ~ 15% 是轻症，赔付重疾保额的 20% ~ 30%，烧伤面积 15% ~ 20% 是中症，赔付重疾保额的 50%。

轻症中症责任降低了重疾险理赔的门槛，一般重疾险自带轻症中症豁免后续保费，就是如果发生了轻症，保费还没有交完，后续保费不用交了，重大疾病继续保障。轻症中症一般是额外赔付，轻症中症赔付后，将来发生重疾或身故，还是赔付 100% 的重疾保额，也有重疾险赔付轻症后如果发生重疾，会减去轻症的赔付金额，需要看条款责任。

重疾险对于轻度重疾的定义，统一了三种高发轻症的理赔标准，轻度恶性肿瘤、不典型心肌梗死、轻度脑中风后遗症，有些产品会在轻症方面提高门槛，如少保或不保其他较为高发的轻症，选择时需要关注有没有保高发轻症，不能只看轻症的数量。

高发轻症：极早期的恶性肿瘤或恶性病变、不典型急性心肌梗死、轻微脑卒中、冠状动脉介入手术（非开胸手术）、心脏瓣膜介入手术（非开胸手术）、主动脉内手术（非开胸手术）、脑垂体瘤、中度脑损伤、较小面积Ⅲ度烧伤。有的重疾险，虽然只保障 10 种轻症，但高发的轻症都没少；有的重疾险，虽然保障二三十种轻症，却缺少了高发的轻症。对于有些轻、中症，不同保险公司的理赔标准是不同的，同一种病，有些公司可能比较宽松，有些公司可能比较严格。如果家里有相关家族病史，比如高血压或糖尿病，在选择重疾险时，可以挑选针对这类疾病赔付相对宽松的产品。

3. 重疾确诊就可以赔付吗

很多消费者认为，临床重疾确诊就一定可以获得重疾理赔，其实并不全是，重疾险合同对疾病的定义参照国际病理诊断标准制定，每个病种都有详细的条款要求。恶性肿瘤、多个肢体缺失，严重Ⅲ度烧伤是"确诊即赔"。2021年部分保险公司的理赔数据显示：确诊即赔的恶性肿瘤，理赔概率就独占了60% ~ 90%。部分重大疾病需要实施了约定手术才能赔付，如心脏瓣膜手术、重大器官移植术或造血干细胞移植术。部分重疾险需要达到约定状态才能赔付，如严重脑中风后遗症，需要确诊180天后，满足条款里3种后遗症中的至少一种才行。

重疾不全是疾病，在重疾险的保障范围内，并不是全部因为疾病导致的伤害才能获得理赔，因为意外导致的部分伤残同样可以，如意外导致的双耳失聪、双目失明、深度昏迷、瘫痪、多个肢体缺失、严重脑损伤等都在重疾保障范围内。重疾是可以买多份的，达到合同约定的理赔条件，都会赔付，比如刘先生在A保险公司买了30万元重疾，在B保险公司买了50万元重疾，不幸发生重大疾病，重疾险累计赔付80万元。

4. 重疾险病种数量越多越好吗

2007年之前，国家没有统一定义重疾险病种和理赔标准。各家保险公司对承保疾病的种类、数量、定义等规定不同，不同公司产品有不一样的理赔标准。2007年，银保监会发布了《重大疾病保险的疾病定义使用规范》，对高发的25种重疾作了准确的定义和要求，要求保险公司在制定重疾险产品时必须采用文件里对疾病的定义和理赔标准。2021年，重疾险在新定义的要求下，又由原来的25种增加至当前的28种。

银保监会规定的28种重疾，涵盖了最高发的重大疾病，发生概率超过重疾的 95% 以上，如癌症、急性心肌梗死、慢性肾衰竭、严重脑中风后遗症、冠状动脉搭桥术、重大器官移植等。很多保险公司在这 28 种重疾的基础上再自行添加其他承保的疾病，承保范围有的保障 80 种重大疾病，有的保障 100 种重大疾病，甚至 120 多种重大疾病，像海绵状脑病、埃博拉病毒等，如果只看病种数量，很容易陷入"病种多＝保障好"的误区。有些保险公司抓住了这点，对外宣传自己保的疾病数量多，然而并非病种数量越多，保障就一定越好，保 110 种重疾，还是保 120 种重疾，对比的意义并不大。

5. 终身平平安安的，重疾险的保费白交了吗

这需要看我们选择的产品是不是带身故责任，带身故责任的重疾险，终身平平安安，身故时赔付保额，保障期间是终身。人终究会身故，对于保险公司来说一定会赔付保额，带身故责任的重疾险具有一定的储蓄性质，所以保费也会高一些，需要根据我们的需求选择适合的产品类型。

保险最初是消费型保险，也就是不带身故责任，有事保事，没有发生事故钱就没了。比如成本 10 元，精算师根据生命周期表计算出来，保额 1000 元，如果出险，保险公司赔钱，如果不出险，10 元成本算消费了，不归还。很多人觉得不出险保费就白交了，到期钱拿不回来，听着好像不太划算，所以保险公司便设计了带身故责任的重疾险，重疾和身故哪个先发生，就赔付哪个，到期如果没出险，身故金返还，返还型重疾就是带身故责任保险的由来。保险公司的定价为 30 元，10 元的风险保障成本，20 元储蓄帮你存起来，等到保障到期，或者到一定年龄或者合同终止时，这每年的 20 元生息，最后变为 1000 元返还。消费者觉得如果保险自己没用到，每年交了 30 元，20 年交了六七百元，最后得了 1000 元，还能留给孩子，钱没有浪费，很划算。

还有消费者不满意，觉得不划算，几十年的时间，钱不值钱了，所以保险公司又根据大家的需求设计保险，有事保事，没事还钱，还能抵抗通胀。

保险公司的定价为 40 元，10 元的成本，20 元储蓄准备，用于返还，10 元用于投资，有了收益进行分红，也就是分红型保险，花了钱，有保障，到期钱能拿回来，另有收益。有事保事，没事还钱，还有分红的收益，也就是分红型重疾险。价格虽然在变化，但 10 元的风险成本不变，买到的保额是一样的。

6. 重疾险保障多少次

国内重疾险发展了几十年，重疾更新迭代了好多次，市场上的产品主要分为重疾单次赔，赔完保单终止；重疾分组多次赔；重疾不分组多次赔，癌症心脑血管疾病多次赔等。随着人均寿命的逐年增加和医疗水平的不断提高，重疾多次赔付的概率也在不断提高。

单次赔付指被保险人得了合同约定的疾病，重疾险赔付一次保额后，保单终止，现在癌症发病年轻化，如果买了单次赔付的产品，保险合同终止了，后续想再得到重疾险保障，需要根据身体状况重新购买重疾险。但是，得过一次重疾，有了既往病史和重疾住院记录，再买重疾险会变得非常困难，大概率会延期或被拒保。

多次赔付是被保险人得了合同中约定的重大疾病，可以多次赔付，如果只是轻症中症多次赔付不能称为多次赔付的重疾险，只有重疾多次赔付才算。比如一个人投保 50 万元的重疾险，第一年缴费后，不幸确诊了合同约定的重大疾病，保险公司赔付 50 万元。随着人均寿命的逐年增加和医疗水平的不断提高，重疾多次赔付的概率越来越大，寿命越长，积累发病率越高。如果购买的重疾险有多次赔付条款，过几年复发或再发生其他种类的重疾，还可以再次得到保额赔付。另外，疾病和疾病之间有关联性，比如得了肝癌，后期肝癌恶化需要换肝，癌症是重大疾病，癌症后的器官移植也是重大疾病，如果购买的是多次赔付的重疾险，则每次都可以赔付保额。再如得了急性心肌梗死，后期恶化，需要做冠状动脉搭桥手术，如果购买的是多次赔付的重疾险，则可以得到多次的保额赔付。

7. 选择重疾单次赔付还是多次赔付

很多人在购买重疾险时不知道选单次赔付还是多次赔付，选择了单次赔付担心万一发生了重大疾病，没法再继续拥有保障；选择多次赔付，保费又较高，患二次重疾的概率较小。多次赔付的重疾险并不适合每一个人，既要看经济状况，也要根据自身需求酌情考虑。如果预算不太充足，建议优先选择单次赔付的重疾险，把重点放在第一次赔付上，罹患多次重疾是有概率的，但是前提是第一次患重疾后生存下来，也就是初次患病时要有足够的钱治疗和养病，单次重疾保额足够，我们才有资本去选择多次赔付的重疾险。如果是给孩子投保，可以考虑多次赔付的重疾险。孩子未来时间长，可以享受越来越先进的治疗手段，首次发病痊愈的概率更高，发生多次赔付的概率更高。

罹患重疾后，第二次患重疾的概率更大。如在癌症治疗过程中，因为治疗方案和治疗手段对身体主要器官的伤害比较大，会更容易诱发其他器官疾病。通常情况下得过重疾，身体免疫力会大大下降，再次罹患疾病的概率会比一般人要高。如在癌症治疗过程中，癌症患者要接受癌症化疗、放疗药物，而癌症化疗是使用化学药物对体内癌细胞的一种消除和抑制。化疗杀死的不仅是癌细胞，还会侵蚀其他器官，哪怕是 5 年生存率接近 90% 的甲状腺癌患者，在被治愈康复后也面临更高的健康风险。

2015 年美国内分泌外科医生协会 (AAES) 年会上的一项研究显示，与一般人群相比，甲状腺癌幸存者罹患癌症的风险更高。根据数据显示，甲状腺癌患者罹患任何第二种癌症的累计发病率为 16%(25 年内)。在继发癌症中，乳腺癌占 36%，寿命越长，累计发病率越高。重疾的治愈率越来越高，比如器官移植、脑卒中等疾病治愈率越来越高，重疾中的很多疾病并不会威胁人的生命，在价格差别不是很大的情况下，也能让我们更安心。

8. 被保险人豁免

被保险人发生了轻症／中症／重疾，保险公司理赔后，没交完的剩余保费不用交了，保障依然有效。年轻人可以适当选择长缴费期，比如30年，每年的缴费金额低一些，万一缴费期内发生重大疾病，后续保费都不用交了。一般被保险人豁免无须单独附加，产品多自带被保险人轻症、中症、重疾豁免保费，投保人豁免作为附加险，需要额外加保费，可以自由选择。

投保人豁免。投保人如果将来得了轻症／中症／重疾／身故，被保险人这份保单剩余的保费就不用再交了，但保障依然有效，适用于投保人和被保险人不是同一人的情况，比如夫妻投保，父母为子女投保可以附加投保人豁免。添加投保人豁免，也需要符合健康告知，如果投保人年纪较大，买豁免的价格就可能比较贵，如果投保人身体有异常，无法通过健康告知问询，也就没办法添加豁免了。

大人给孩子投保，可以选择加投保人豁免，大人如果发生重疾，小朋友的保单不需要继续缴费了，相当于给孩子的保单加了一份保障，不会因为大人发生重大疾病，影响孩子保单的缴费。夫妻双方有经济能力的一方给另一方购买保险时，可以考虑附加投保人豁免，避免投保人发生意外，被保险人无力继续承担保费。如果夫妻双方都是经济支柱，不必非要添加投保人豁免，因为重疾是几十年缴费到一生的保障，如果婚姻状况发生变化，保单需要及时变更。添加投保人豁免时应注意，每家保险公司的投保人豁免内容不一样，有全豁免的，即重中轻症、身故全残，也有部分豁免的，仅重疾和身故。

9. 重疾就医绿通

"绿通服务"是能快速获取医疗资源的一种特权，比如更容易挂号、更快就诊、更快住院、更快手术、能约上更好的医生等。不同公司绿通服务门槛不同，有的是5万元或10万元保额或者3000元保费启动绿通门槛，有的是疑似轻症、疑似中症、疑似重疾，有的是需要确诊轻症、中症、重疾。各保险公司的"绿通服务"大部分是外购第三方医疗公司的服务，也有个别是自建医疗网络，"绿通服务"是各保险公司的增值服务，多数不写入保险合同内。

（四）如何选择一款重疾险

选对一款合适自己的重疾险，需要从保额、保障责任、保险公司的选择、保费预算等多个角度进行筛选。

1. 买保险比较重要的是买保额

如刘先生每年工作收入是 15 万元，他得了恶性肿瘤后，一般需要 3 ~ 5 年治疗期，接受治疗期间刘先生无法从事较繁重的工作，收入会受到比较大的影响，但他还需要还房贷，还需要日常生活支出，还需要照顾孩子和老人，刘先生的重疾保额 45 万 ~ 75 万元较合理，相当于生病时保险公司给他补 3 ~ 5 年的收入，让他没有后顾之忧，安心养病。重疾险就像自己生病期间无法工作时，复制一个工作的自己。每个人年收入不一样，需要根据自己的情况做规划。

2. 多次赔付的重疾险怎么挑选

分组多次保障是将疾病分成多组，每组只理赔一次，比如分为 A、B、C 三组，理赔过 A 组的重疾后，该组责任终止，仍提供 B 组和 C 组重疾的保障。如消费者买了分组多次赔付的重疾险，不幸得了急性心肌梗死，保险公司进行了重疾理赔，几年后他做了主动脉手术，虽然主动脉手术在保险的重疾保障范围内，但如果和急性心肌梗死在同一组别里，保险公司是不赔付的。两次罹患的重疾要在不同组别，比如一个在 A 组，另一个在 B 组，同一组的重疾只赔付一次。

不分组优于分组。多次赔付的重疾险一般会将重疾进行分组，比如将

100 种重疾分为两组，其中 A 组有 50 种，B 组有 50 种，因为同组的只能赔付一次。如果第一次罹患 A 组中某一种的重疾后，之后我们还剩下 B 组的 50 种重疾保障。如果重疾不分组多次赔，第一次罹患某一种重疾后，我们还剩下 99 种重疾保障，所以不分组优于分组。

分组的情况下，分组越多越好。分组越多，意味着两次重疾在同一组的概率越低，获得多次赔付的可能性就会越高。同样一款重疾险，保障 100 种重疾，如果分两组，A 组有 50 种重疾，B 组有 50 种重疾，当罹患第一次重疾时，第二次还剩下一组重疾保障，也就是 50 种重疾保障；如果分三组，A、B 两组各有 30 种重疾，C 组有 40 种疾病。当罹患第一次重疾时，第二次还剩下两组重疾可以保障，一共 70 种重疾保障，所以分组越多越好。

高发的重疾是否分在不同的组别里。高发的重疾有恶性肿瘤、急性心肌梗死、脑中风后遗症、重大器官移植或造血干细胞移植术、冠状动脉搭桥术、慢性肾衰竭等，这些高发重疾分组分得越分散越好，如有的重疾险分六组，但是多个高发重疾险都在一组里，反而不如有的重疾险分五组，高发重疾比较分散的。

癌症单独分组优于非单独分组。在重疾险理赔案例中，罹患癌症导致重疾理赔占比 60% 以上，由于多次赔付的重疾险相同组别只能赔付一次。所以当癌症单独分组时，在罹患癌症后，剩下的所有重疾都可以再次理赔，如果不单独分组，在罹患癌症后，癌症所在的组别中所有的重疾都无法再赔付了，所以在挑选时要重点看癌症是否有单独分组。

重疾多次赔付的间隔期。多次赔付的重疾险一般都有间隔期，也就是两次重疾赔付需要间隔一段时间。保险公司为多次赔付的重疾险设置了重疾赔付的间隔时间，市场上重疾多次赔付的间隔时间有 180 天、365 天等，间隔期越短越好，比如第一次理赔超过 180 天以后才可以理赔第二次，如果第二次重疾发生在间隔期内，就不能获得理赔了。

3. 疾病专项保障加码保障

如家庭中有常见的慢性病，如高血压、高血糖等，在选择产品时可以优先选择对这方面责任保障全面的，如癌症多次赔、心脑血管疾病多次保障。癌症多次赔指如果一个人罹患癌症，保险公司赔付一次保额后，3 年后癌症转移、复发、扩散、持续，这款重疾险还可以赔付一次保额。对于同一公司单次重疾和多次重疾的保费可能有一定差距，但有的保险公司同样保额多次重疾赔付的保费可能比另一家保险公司单次赔付的保费还便宜。

4. 重疾险选哪家保险公司

保险公司安全性一样，所以选择保险公司时可以综合考虑以下因素，如结合公司品牌、自己对保险公司的偏好、产品条款责任、方案整体性价比、服务品质等进行选择。如有过留学经历的可能喜欢中外合资的保险公司，每个人的经历、想法、偏好有所不同，因此需要根据自己的核心需求做选择。

5. 保险支出的合理预算

虽然保额、保障责任和公司选择都很重要，但是最终还是要结合自己的预算。日常生活中，我们除了保险支出，还有很多其他支出，一般年保费不建议超过收入部分的 15% ~ 20%，保费支出预算合理，每年续保支出没有太大压力。如果预算有限，可以优先考虑首次重疾的保额，再考虑其他，因为在重大疾病发生时，保额够用很重要。保险也不是一步到位的，可以选择适合当下的保费投入和适合的保额，未来随着我们的收入不断提高，也可以不断补充保障。

四、意外险，不容忽视的突发保险

俗话说，天有不测风云，人有旦夕祸福。对于一个家庭来说，因为身体原因造成收入中断主要有两个方面：一方面由于疾病，比如常见的疾病住院；二是由于意外，疾病对家庭带来的伤害很大，意外更是防不胜防。

2000 年 5 月 11 日凌晨，重庆千万富翁郝先生在距家 200 米的地方，被高楼坠落的烟灰缸砸中头顶，颅骨破碎，后经法医鉴定八级伤残。当时郝先生 36 岁，正值壮年，身为某企业负责人，企业有 300 多名员工。然而被掉落的烟灰缸改变了一切，郝先生出院后，因头顶左侧头盖骨缺失，脑部受伤严重，导致记忆力大幅下降，思维不连贯，语言表达不流畅，经常暴躁发怒，郝先生也失去了管理企业的能力，再也无法承担照顾家庭的责任。郝太太说，其智力只相当于 2 岁的幼儿，事发后 3 年多的时间里，郝先生说不清一句话，公司的业务一落千丈。此案是全国首例高楼坠物连坐赔偿官司，涉及 22 名被告，当年在全国引起轰动，并在司法界引起高度关注和争议，在法院判决 12 年后，郝先生只收到不足 2 万元的赔偿。

意外带来的创伤有时丝毫不比重大疾病带来的创伤小，如车祸、烧伤、残疾、煤气中毒、烧烫伤等花费非常高，不仅需要大额医疗费，而且不能上班会导致收入中断。意外险报销意外受伤的门诊和住院医疗费用，还保意外身故和伤残，伤残按保额的 10% ~ 100% 进行赔付，每年几百元可以买到上百万元的保额，保障杠杆比较高。

（一）意外险保障责任

意外是遭受外来的、突发的、非本意的、非疾病的，使身体受到伤害的客观事件。

1. 外来的伤害

外来的伤害是指导致伤害的原因来自自身之外，如单个人中暑和食物中毒，保险公司不会视为意外事故，可能与被保险人体质、健康状况和身体内部因素有关，三人以上的集体食品中毒会被视为意外事故，可以得到意外赔偿。

2. 突发的伤害

如被保险人不幸在交通事故中受伤，不小心骨折是突发的伤害，但如果被保险人长期在高压高强度下工作，给身体带来了伤害，导致过劳猝死，就不属于突发的伤害，不属于意外，部分意外险会额外附加保障一定的猝死责任。

3. 非本意的伤害

非本意的伤害是指被保险人非本人意愿的不可抗力造成的伤害，被保险人主观造成的伤害，不属于意外，比如打架斗殴、酒后驾驶、超速行驶、自杀等。

（二）意外险的分类

1. 按保障责任分，意外险包括意外伤害和意外医疗

意外伤害包括意外身故和伤残，意外医疗包括意外门诊、意外住院医疗、意外津贴等，如果购买的意外险只有意外伤害的责任，发生住院医疗花费是无法报销的，不是所有的意外险都包括意外门诊和医疗责任，选择时需要看

具体的条款责任。

意外门诊和医疗：因意外事故引发的医疗费用，包含意外门诊和住院，意外门诊和住院的概率远高于身故和伤残，意外险会根据被保险人花费的医疗费进行补偿。比如磕磕碰碰、猫狗抓伤、打免疫球蛋白等小意外轻伤，甚至不用住院，只需门诊就诊，意外险就可以报销。

意外住院补贴：因意外伤害住院治疗，根据实际住院天数 × 补贴的金额，比如每天 200 元，对于意外住院津贴的赔付天数一般在 180 天以内，单次赔付一般不超过 90 天。

意外身故和伤残：意外重伤可能导致伤残或身故，如车祸、烧伤、残疾、煤气中毒等，被保险人因意外导致身故，意外身故的保额是多少保险公司赔付多少，大多数意外险保障的是意外事故发生后 180 天内身故，180 天后身故不赔付。

意外伤残责任，保险公司是按伤残等级进行赔付，伤残根据《人身保险伤残评定标准》十级 281 项伤残标准进行分级赔付，最严重的是一级伤残，赔付保额的 100%，最轻的是十级伤残，赔付比例 10%，每一级赔付比例差 10%，比如买了 100 万元保额的意外险，发生了六级伤残，赔付金额是 100 万元 ×50%=50 万元。

购买意外险时务必看保险责任保不保伤残，有的意外险只保障全残，不赔付伤残。之前有这样的案例，被保险人出了车祸断了腿，他买的意外险只保障全残责任，不保障伤残责任，所以无法理赔。选择一份意外险需要认真看伤残这一部分的保障，除了航空意外事故，其他意外事故导致伤残的概率远大于全残和身故，部分驾乘险只能在交通工具内出险才能理赔，甚至没有意外医疗责任，如果一款意外险只保障身故和全残，保障范围大幅缩水。

2. 按保障范围意外险可分为综合意外险、高风险运动意外险、旅行意外险

在旅行和高风险运动情况下，普通综合意外险是无法保障全面或保障不了的。例如在国外旅行，万一出现意外事故，需要紧急救援，多数综合意外险只保障中国地区，此时境外旅行意外险就派上用场了，可以安排紧急救援、医疗运送，报销亲友探视交通费和住宿费、银行卡盗刷、航班延误等。

高风险运动包括登山、冲浪、跳伞、徒步穿越沙漠、竞争赛事运动，需要购买单独的高风险运动意外险，才可以获得全面的保障。

3. 按保障时间可以分为一年期消费型意外险和长期返还型意外险

市面上最多的是一年期消费型意外险，价格便宜，性价比高，没有健康告知问题，不用担心身体状况影响续保的问题，第二年也可以根据当年有没有上线新的不错的产品来调换，意外险等待期比较短，有的第二天生效，有的两天或三天后生效，投保时关注一下生效日。

长期返还型意外险，是一种按年交保费的长期意外险，保障时间长，有的返还型意外险是交 10 年保费保障 30 年，如果被保险人在保障期间没有遭遇意外事故，保险公司在到期时返还一笔钱，通常是所交保费的 1.1 ～ 1.5 倍。

返还型意外险，虽然可以返还保费，但有它的局限，部分产品貌似百万保额实则只有交通工具等特定意外有百万保额，生活中发生概率更高的基础意外保障可能只有 10 万元或 1 万元保额，有的百万保额只保障意外身故和全残，涉及十级 281 项伤残责任不包含，此类意外险以百万驾乘意外险为代表，具体需要看条款责任。

建议大家选择普通意外和交通意外保额都足够的产品，比如都是 100 万元或 200 万元保额，对应的保费也就每年几百元。

（三）选购意外险的注意事项

1. 意外险会除外一些期间和原因

精神行为异常期间：被保险人患精神疾病，醉酒，吸毒，使用违禁药品。

身处动荡政权期间：暴乱，军事冲突，战争。

危险驾驶期间：驾驶非法车辆上路，酒后驾车。

高危运动期间：攀岩、武术比赛、车技比赛、跳伞等。

故意原因：自杀，自伤，自己主动犯罪，自己挑衅引起的，未经医嘱私自使用药物原因导致，投保人故意伤害被保险人。

卫生及治疗原因：妊娠流产分娩，医疗事故，美容整形，个人食物中毒，个人中暑，猝死，高原反应，核、生化武器爆炸或事故，恐怖袭击。

2. 猝死责任，猝死虽然是突发情况，但不属于意外事故

猝死是身体内部病因引起，并非突发的、外来的因素导致，意外险对于猝死事故是不赔付的，如果将猝死纳入保障范围，一般会在条款责任里额外说明。额外包含猝死责任的意外险，赔偿金额并不高。猝死属于寿险范围，投保寿险或带有身故责任的重疾险也可以补充保障。

3. 职业要求

意外发生的概率与职业风险性有一定关系，在投保时，保险公司会关注被保险人的职业类型，在投保意外险前要看看自己的职业是否可以投保。保险公司根据职业风险大小将职业划分为 6 个等级，通常前 3 个等级的职业投保意外险没有限制，4 类到 6 类职业投保需要注意职业限制，避免出现投保后无法理赔的情况。

职业类别分为 6 类，大致如下：

1 类职业，通常为办公室工作人群，工作环境安全，如出纳、行政。

2 类职业，通常为文职人员但偶尔会因工作原因离开公司到外面办事或有轻微体力的劳动人员，如业务员。

3 类职业，通常为经常到公司外面办事或涉及部分机械操作的工作人员，如司机、维修人员等。

4 类职业，一般需要进行体力劳动的人员，如货车司机、一般工人。

5 类职业，高空作业人员或操作机械的工人等，如车工、铣工、建筑人员等。

6 类职业，发生意外的情况不一定多，但是一旦发生情况会很严重的行业，如石油管道清洗工等。

通常低风险职业人群 1 ~ 3 类，针对意外险有更多的选择，保额高保费低，投保时务必看清职业列表，不要根据自己的习惯来判定，因为经常存在一个职业在 a 公司是 4 类，b 公司变 3 类的情况，部分产品可以承保 1 ~ 4 类职业。中高风险职业人群 4 ~ 6 类，可以买的意外险较少，部分保险公司有单独的高风险职业意外险，保额会降低或保费提高。每家公司每个产品的职业列表都不一样，具体能不能买需要根据具体选择的产品的要求。

4. 意外身故和伤残保额

保额其实是对于身故和伤残的保障，我们印象中的残疾多是骨折、手脚等外部器官的伤残，其实内脏的损伤也是残疾，如腹部损伤导致脾脏破裂等。身故责任，只有意外事故导致的身故可以获得意外险理赔，疾病或其他情况导致的身故，意外险不理赔。因此，一份寿险或者带有身故赔付责任的重疾险很重要。

伤残不仅需要大额支出医疗费，而且不能上班导致收入中断，一般意外险的保额建议是年收入的 10 倍以上，如年收入为 20 万元，建议保额 200 万元，不过意外险保费比较便宜，100 万元保额部分性价比高的产品保费只有三四百元。部分意外险对于交通保障责任会增加保额保障，比如普通意外身故责任50 万元，对于飞机意外保障责任额外 100 万元，如果被保险人因飞机失事不幸身故，保险公司会叠加赔付 150 万元的意外保障。在购买意外险时，如果日常经常乘坐飞机或其他交通工具，可以把交通工具的保额提高，最大限度地保障我们的生活，比如补充购买驾乘意外险和航空意外险。

5. 意外医疗赔付条件

如果没有特别说明，意外险中医疗责任覆盖住院和门诊，重点关注是否报销社保外用药，有的产品仅限社保目录报销，有的不限社保目录报销，如骨折用的钢板材料是进口的，如果选择的意外险社保外不赔付，那一个钢板几千元可能就报销不了。社保外用药最好能够 100% 报销。

意外门诊： 因为住院医疗险只住院报销，但轻度摔伤骨折、猫狗咬伤等意外事故通常不需要住院，只需门诊治疗，那么意外门诊治疗报销就很有必要了。有的产品没有免赔额，有的产品有 300 元的免赔额，就是说，300 元以内的医疗花费，保险公司不会赔付，超过这个金额的花费，保险公司才会赔付。

意外津贴： 这项责任与医疗险中的津贴是同样的性质，用于补偿伤残住院导致的误工费。选择意外险时需要看是否有免赔天数、津贴金额，以及是否区分重症病房和普通病房津贴。对于年轻人来说，意外险不仅需要有足够的身故补偿，而且要保证受伤住院后可以报销；对于儿童和老人而言，门诊住院费用的补偿则更重要，需要多关注门诊和医疗的保障责任。

意外医疗的就诊范围一般是国内二级及以上公立医院，选择意外险时需要看介绍里有没有除外的地区和医院，部分地区的部分医院被很多保险公司除外，可能过往发生过集中的虚假理赔，投保时需要重点关注。

6. 年龄范围

每款产品的年龄要求不一样，要务必看清楚，一般 60 岁或者 65 岁是一个分界点，超过 65 岁可能无法购买普通意外险，需要选择老人意外险，保费会更高一点。老人身体行动不便，骨质较疏松，摔倒很容易造成骨折，部分意外险产品对于老人骨折会加码保障，对于骨折额外保障的意外险更符合老人的需要。

老人没有太大的经济责任，意外身故的保额一般不会太高，老人意外磕磕碰碰骨折的概率较高，意外医疗的保障需要更加全面，最好不限社保目录 100% 报销。儿童意外身故的保额有一定的限制，0～9 岁身故保额不超过 20 万元，10～17 岁身故保额不超过 50 万元，意外伤残的赔付不受限制，为了防范道德风险。成人承担着家庭和经济责任，意外身故保额要高一些，可以选择 100 万～200 万元或更高保额。

五、定期寿险，复制家庭经济支柱的经济责任

（一）什么是定期寿险

定期寿险，是指在保险合同约定的期间内，如果被保险人死亡或全残，则保险公司按照约定的保险金额给付保险金，若保障期届满被保险人健在，则保险合同自然终止，保险公司不再承担保险责任，并不退还保费。定期寿险的保险期间一般有 15 年、20 年、30 年或保障到 60 岁、70 岁等约定年龄。

定期寿险适合家庭责任比较重的年轻人和家庭经济支柱人群。它主要应对被保险人因身故或全残导致的家庭收入突然中断的风险。尤其是在退休前，保险公司赔付的身故保额可以用来偿还房贷，照顾子女和父母等，保障经济责任期间的责任。

1. 定期寿险应对的是英年早逝的风险

2022 年 10 月晚，某企业的一名工程师，下班后开车在路上，突然呼吸急促，头痛呕吐，把车停下后，随后失去了意识，送到医院后抢救了 12 个小时，依然没能从死神手里将他的生命挽回，年仅 36 岁。其妻子透露他已经 22 个月没有休假，出事前两天，仍在通宵工作。人们在惋惜的同时，不禁陷入沉思，如此年轻的生命就此离去，年迈体弱的老母亲白发人送黑发人，妻子失去了至爱，两个年幼的孩子失去了父亲，这个家庭如何生活下去？

当一个人不幸身故，给家人带来的情感上的创伤是难以弥补的，但是在

经济上，保险可以给家庭一些补偿。尤其是作为中年人，不仅要偿还房贷车贷，还要考虑子女未来的教育支出，以及父母的养老和医疗问题。上有老下有小，作为家庭收入的经济支柱，不能有任何闪失。我们总觉得年纪大、身体不好的人才容易猝死，但实际上猝死不分年龄，自认为身强体壮的年轻人可能并不安全。

2. 猝死 / 过劳死有没有先兆

一位知友说，他父亲在他 14 岁时猝死，当时他还不明白"猝死"为何物，后来他拼命回忆父亲去世前的细节：爸爸的生活习惯一直很不好，他是烟民，抽烟很凶，一包烟大概一天就能抽完，几乎每天都熬夜看电视或玩电脑。当时是 7 月，天很热，爸爸却穿了保暖内衣，他说好像有点感冒，很冷，他去世前一天上完夜班回来也没有好好睡觉，去世当天晚上还熬夜玩电脑到凌晨 1 点左右。

猝死不是意外突发的，而是疾病，在猝死发生前，身体因为劳累等原因已经有征兆了。如近期出现或加重的胸闷，如果以前偶尔胸闷，近期症状频繁，程度严重，应尽快进行药物或手术治疗；心慌，心慌往往是心率加快，不定期心率加快通常是快速性心律失常的结果；心率过缓，心脏的跳动是起搏细胞发起的，起搏细胞功能变差会导致心脏跳动速率减慢，心率减慢血压变低，容易出现心脏停搏导致猝死；晕厥，晕厥是猝死的重要前兆，多数晕厥是心跳突然减慢导致脑供血不足引起，不明原因晕厥时应警惕，预防下次晕厥甚至猝死发生；不明原因的疲乏，年轻人工作压力较大，常出现疲劳属于正常，但如果出现不明原因的疲劳、乏力或伴有胸闷、水肿，应警惕猝死的发生。

长期不良的生活方式，超过一半年轻人的猝死与过度劳累、大量吸烟喝酒、暴饮暴食有关，尤其是过度劳累。因此我们需要做一些防护，如定期体检，积极运动，合理饮食，控制饮酒和咖啡因摄入，减少熬夜。

（二）定期寿险的保障责任

定期寿险保障实用，性价比也较高，如 30 岁女性，100 万元保额，保至 60 周岁，每年保费最低为 600 元；30 岁男性，100 万元保额，保至 60 周岁，每年保费 1000 元左右，可以最大限度转嫁重大风险。

60 岁左右的人上有老下有小，是家庭责任最重的阶段，房贷、孩子教育、生活支出等各项经济责任压在身上，当不幸的事情发生在自己身上无法挽回时，家人承受情感创伤的同时，还要承担家里所有的生活开支，经济上有很大的压力。定期寿险在被保险人身故时身故保额留给家人，或许是对家人最大的安慰，虽不能陪伴终身，但起码能保证未来数年他们经济上的安排不被改变，让他们身上的经济负担暂时轻松一下。

定期寿险的保额建议是年收入的 10 倍，万一不幸身故，家庭的经济还有 10 年的缓冲期。对于普通家庭而言，任何有家庭责任的成年人，都需要为自己配置一份定期寿险。不仅仅是家里的顶梁柱，处于不同人生阶段的我们，有父母，有孩子，有家人，万一发生身故风险，如果我们考虑给家人留下养老的钱、日常生活支出的花费，就都可以选择定期寿险。

意外险不保疾病身故，定期寿险是意外和疾病身故都保，疾病身故的概率远大于意外身故的风险。重疾的保费很大部分用来覆盖发生大病的花费，身故保额一般不会很高，单纯靠重疾险的身故保额来保障身价责任，不足以转嫁经济支柱的经济责任。

（三）如何选择一款定期寿险

1.定期寿险保障年限和保额

定期寿险的保障期限建议至少要覆盖到退休年龄 60 岁或 70 岁，缴费期限一般选择 20 年或 30 年。保额方面，可以综合家庭生活费用，包括把孩子抚养成人的支出、赡养老人支出和房贷支出。比如房贷 100 万元，把孩子抚养成人需要 100 万元，赡养老人支出 50 万元，日常生活支出每年 10 万元，如果考虑负担家庭未来 10 年的支出就是 100 万元，这样我们身上的经济责任就是 350 万元，也就是我们的保额需求。然后根据预算，当预算不足时，可适当缩短定期寿险的保障年限，先不要降低保额，毕竟最需要定期寿险的时候永远是现在。

2. 定期寿险的免责条款

定期寿险最少的免责条款有三条，即故意杀害、故意犯罪、两年内自杀，很多定期寿险免责条款是七条。买定期寿险最大的意义是当风险发生时，家人能拿到理赔金，所以免责条款越少越好。

3. 健康告知

选择的思路是健康告知问询的越少越好，定期寿险是健康要求最低的险种之一，大部分人都可以买到，但不同产品问询的问题不同。有的产品有肺结节是无法购买的，有的产品则不问询肺结节，可以正常投保。对于身体有异常的人而言，选择健康告知宽松的产品更友好一些。

还有一个技巧，定期寿险基本都会问询过往是否被保险公司拒保或延期承保。如果有身体状况，先买其他险种被拒保了再买定期寿险会受到这条健康告知的限制，可以优先投保健康要求较低的定期寿险，再去选择其他险种。

4. 最高保额限制

大多数定期寿险对保额有限制，最高保额 300 万元，如果需要更高保额，可以搭配不同产品组合保额，如表 2-1 所示，但需要注意，某些产品会问询你过往保额已有多少，超过一定保额则无法投保该产品。另外，对于不同城市，也有最高保额的限制。

表2-1　不同的产品组合保额不同

地区分类	投保年龄	有社保保额限制	无社保保额限制
超一类	18~40周岁	10万~300万元	10万~200万元
	41~50周岁	10万~200万元	10万~150万元
	51~60周岁	10万~100万元	10万~80万元
一类	18~40周岁	10万~300万元	10万~200万元
	41~50周岁	10万~200万元	10万~150万元
	51~60周岁	10万~100万元	10万~80万元
二类	18~40周岁	10万~200万元	10万~150万元
	41~50周岁	10万~150万元	10万~100万元
	51~60周岁	10万~80万元	10万~50万元
三类	18~40周岁	10万~150万元	10万~100万元
	41~50周岁	10万~100万元	10万~50万元
	51~60周岁	10万~50万元	10万~30万元

5. 职业需符合要求，是否有限额

定期寿险对职业要求较严格，不同职业发生风险的概率不同，所以保险公司对部分高危行业会限制投保，或者对投保保额有限制，如表 2-2 所示，其中如退休人员、无业人员，只允许购买较低的保额（如 30 万元等）。如果投保时在职业分类中没找到自己的职业，可以和保险公司客服确认或和你的保险顾问确认是否可以购买。

表2-2　特殊职业保额的限制规则

职业内容	职业代码	寿险风险等级	人身险网险保额上限(含)
一般学生	2099907	1	50万元
警察（负有巡逻任务者）	3020102	3	30万元
监狱看守所管理人员	3020103	3	30万元
交通警察	3020104	4	30万元
刑警	3020105	5	30万元
警务特勤	3020106	6	30万元
港口机场警卫及安全人员	3020108	4	30万元
警校学生	3020110	4	50万元
家庭主妇	4071203	1	50万元
无业人员	8000001	2	30万元
退休人员	8000002	1	30万元
离休人员	8000003	1	30万元

6. 定期寿险的保费性价比

定期寿险是以身故死亡为理赔标的的产品，责任比较单一，所以同样年龄买同样的保额，需要看一下哪款产品保费性价比更高一些。人的寿命只有一次，也无须像医疗险、意外险、重疾险等过多考虑公司背景和服务。

定期寿险保费，女性比男性便宜一半左右。根据《中国人身保险业经验生命表》数据，从0岁到104岁，每个年龄的身故发生率，男性都比女性高。从0岁开始，也就是婴儿阶段，男性的身故风险就比女性的高。根据国家卫生健康委员会统计数据，我国女性的平均寿命比男性平均寿命大5岁。男性平均寿命短有先天原因，也有后天原因。据研究，男婴早产、难产，以及呼吸窘迫等胎儿疾病的发病率显著高于女婴。另外，从事重体力劳动的工作者中，男性占大多数，职业危害和风险更高。

日常生活中，男性自尊心强，心理压力大，由于不善于倾诉，憋在心中的情绪不断积累会让压力越来越大，抽烟喝酒熬夜成了排解情绪的出口，使得患病猝死的风险变高了。另外，男性比女性更喜欢做一些高风险、高刺激的运动，追求速度与激情，意外的风险也更高。

【减额定期寿险】

减额定期寿险，是指保额不断递减的定期寿险。保险公司考虑消费者身上抚养孩子的责任、父母的赡养费用等，随着时间增长经济责任在不断减少，消费者身上的房贷也在不断降低。比如消费者买了一款150万元保额的定期寿险，保障时间是30年，保额递减会在以后的每一年减少5万元的保额，30年后保额降为0，对于预算不多的年轻人来说，每年的保费会降低一半左右，整个保险期内的保费不变。

第三课　买保险的正确方式

一、购买保险有哪些渠道

（一）保险代理人

保险代理人销售是我们日常接触较多的保险营销方式。20 世纪 90 年代友邦保险将代理人制度引入中国后，平安人寿、中国人民保险、太平洋保险等开始学习复制，建机构，建队伍，寿险规模迅速扩大。从那时起，代理人一直是寿险公司重要的产品销售渠道，他们代表所在的保险公司，销售本家保险公司的产品。

代理人销售的优势是，很多消费者接触到的代理人是自己的亲戚或朋友，有一定的信任度，他们积极主动，服务热情。保险公司营业部网点多，服务体验度不错，公司还会定期组织各种各样的线下活动。保险公司提供分级增值服务，在同一家保险公司保费提高，可以提高增值服务等级，享受的增值服务权益更全面。

代理人销售的不足之处是，代理人只能销售他们所在公司的保险产品，尽管他们推荐的产品可能是他们公司产品中性价比较高的产品，但未必是全市场较好的产品。

过往几十年，保险公司通过人海战术发展，代理人的学历、专业水平参差不齐，有的代理人专业知识充足，对行业了解透彻，有的代理人只懂销售话术，没有研究条款的能力，所以过往保险公司的销售业绩很好，但保险销售行业的名声一般。这也导致代理人流失率较高，人员变动大。如果代理人离职，投保人的保单会没有后续服务人员，保单会变成所谓的"孤儿单"。

（二）互联网保险

近年来，互联网保险发展迅速，微信、支付宝有线上保险平台，有互联网保险网站，还有很多保险测评的公众号，公众号后台对接咨询顾问。很多年轻人习惯网上购物消费，网上咨询和投保方便，尤其购买短期医疗意外产品，投保简单便捷高效。

互联网保险的优势是，公司运营成本低，历史包袱小，保费费率低，产品性价比高，产品线比较全。很多人担心互联网购买的产品是不是靠谱，其实任何一款保险产品上市前，都需要在国家金融监督管理总局报备，通过国家金融监督管理总局的审核，产品都可以在"中国保险行业协会"官网查询到条款，互联网保险产品也是靠谱、合法、受监管的产品。

互联网产品的不足是，健康险产品投保时保险公司都会在投保过程中通过问卷问询消费者的身体状况，三五个到十几个问题，比如有没有住院、门诊，有没有超重、有没有结节囊肿、脂肪肝、高血压等，很多人在互联网投保时不仔细看健康告知，习惯性地点击下一步，直接全部勾选符合条件进行投保。但如果有近期住院门诊、体况异常没有如实告知，则是埋下了隐患，因为医院住院门诊的记录都会保存十几年以上，足以影响到后期理赔。

互联网对接的保险公司多通过统一客服中心服务，没有线下营业部，需通过电话沟通咨询或跟进理赔进度。部分互联网和公众号后台对接的咨询顾问服务水平参差不齐，有些互联网平台并无代理保险产品的资质，有些咨询顾问并无从业资格，消费者很难清晰辨别。有的线上咨询顾问对市场产品了解不足，只能对自己负责的单一产品提供分析和讲解，不一定能给到消费者全面的家庭保障配置建议。

部分线上健康险产品只能智能核保，适合身体健康的人群或只有小指标异常的人群投保，30 岁以上人群的身体或多或少有一些体况，如果智能核保不通过，需要选择可以人工核保的产品投保。互联网产品更适合没有较多异常体检住院记录，身体指标健康，有一定理解能力、学习能力，能看懂条款责任，对保险有一定认知的人自助投保。尤其健康险，需要在投保过程中仔细阅读健康告知、合同条款、免责条款、保障责任，做好产品筛选。

（三）保险经纪人，签约销售多家公司的产品

传统模式的保险代理人属于某一家保险公司，经纪人不属于保险公司，他们属于保险经纪公司，经纪公司层面签约代销市面上大部分保险公司的产品，他们客观中立地帮客户筛选最适合的保险公司和产品。

保险是复杂的金融产品，它本质上是一份合同条款，消费者很少有充沛的精力细致地分析保险条款、研究保险合同，经纪人通过自己对保险产品的学习研究和对各家公司产品的分析，可以全面协助客户购买保险。类似明星的经纪人，经纪人的老板是明星，经纪人对明星负责，保险经纪人的老板是消费者，他们的工作是了解消费者担心什么风险，通过对全市场产品的把握，给消费者提供建议，如用什么保险工具，用哪家公司的保险服务来转嫁风险等，解决消费者担忧的问题。

成熟的保险市场产销分离，保险公司开发优质的产品，做好售后服务，经纪人做好产品对比、产品分析和产品销售，客户买到性价比高的产品，保险公司不用承担代理人经营管理房租的费用，开发更优质的产品。成熟的经纪公司一般和数十家保险公司签约合作，有老牌保险公司、合资保险公司、互联网保险公司。专业的经纪人能清楚市场上产品的优劣差异，协助消费者找到适合自己的保险公司和产品。

线下城市也有经纪公司的服务机构和营业部。保险需要人跟人在一起，

需要互动，需要有服务的温度，互联网虽然带动了保险的发展，但人们在互联网上的金融消费金额是有上限的，金额高了，线上支付不踏实，还是需要线下人工服务。国内目前处于保险经纪发展的初期，得到了不少消费者的认可，不过经纪人水平参差不齐，同样需要通过沟通和咨询筛选专业靠谱的经纪人。

（四）银行保险

银行保险是通过银行代销保险公司的产品，从 2000 年开始，平安人寿率先启动银保业务，当年业务占到平安人寿业务的三分之一。随后，寿险业务相继开启了银保业务。中国每年几万亿元的保费，近三分之一是银行销售的。银行销售的保险产品基本是理财保险，以及少比例的医疗重疾保障型产品，因为很多人想存钱时第一时间会想到去银行。

银行拥有广大的客户群体，可以销售基金产品，也可以销售保险产品。在银行购买的保险，银行属于销售渠道，消费者也是和保险公司签署合同条款，每家银行和多家保险公司签约，每个银行网点代理的保险公司不多，一般不超过三家。

在银行理财时，需要了解自己购买的是保险还是银行理财，很多人误以为买的是银行理财产品，买回去后发现是保单，出现过"存单变保单"的投诉，尤其是去存款的中老年人，需要明确理财产品和保险产品的区别。对于分红险、万能险，消费者需要了解保底收益是多少、进出手续费是多少、浮动收益是变化的，应看清条款内容。

（五）投保渠道不是理赔渠道

不同渠道购买，理赔时是否一样？理赔时都是统一的保险公司理赔服务部负责审核资料和理赔，消费者可以通过公众号报案、电话报案或线下网点报案，进入理赔流程，根据产品类型提供相应住院资料进行理赔。

现在保险公司线上服务效率提高，投保后业务办理，如更换银行卡号、更新身份证、更换保单受益人等都可以在保险公司公众号上办理，部分业务需要到保险公司线下柜台办理。

无论线上线下渠道购买的保险产品，保险法对于理赔时效都有限制，从递交完整理赔资料开始，保险公司需在30天内给予答复，10天内给付保险金，影响理赔速度的很大因素是理赔资料是否完整。保险公司对于任何渠道的理赔报案，都不能随意拒赔，除非不符合投保要求在投保时没有如实告知，有既往症或者属于责任免除的情况，保险公司每次拒赔需要提供明确的理由和证据的拒赔通知书，消费者也可以复议。

不同的渠道有各自不同的客户群体，没有哪个渠道是最完美的。真正的保险人应该具有非常专业的综合知识储备，像国外非常普及的私人保险顾问，这是未来保险发展的趋势，作为消费者根据自己的情况，选择适合的渠道，协助自己选到最适合的产品。

二、如何给孩子选择保险

保险是抵御风险的工具，所以买保险前需要看孩子在哪些方面的风险较高，需要保险把风险转嫁出去。

小孩子活泼好动，好奇心强，自我意识和行动能力相对较差，容易摔伤、磕伤、烫伤、被猫狗抓伤。相关部门调查统计显示，意外伤害已经成为我国14岁以下儿童的第一死因，有发生率高、死亡率高等特点，被称为少年儿童的一大"杀手"。

如今，白血病、川崎病、脑炎后遗症或脑膜炎后遗症、良性脑肿瘤等都是少儿较为高发的重疾，这些重疾不是不治之症，像国外研制出治愈儿童白血病的新药，有良好的经济状况和医疗条件完全可以得到根治，但需要昂贵的治疗费用。

低龄的幼儿，免疫系统发育不成熟，容易感染各类疾病，如肺炎、发热、感冒、拉肚子等，大病不犯，小病不断，让父母揪心、担忧，甚至花掉不菲的医疗费。

这都是小孩子面临的高发风险，主要集中在意外伤害、重大疾病和医院就诊，所以对少儿的保障型险种应该包括重疾险、医疗险、意外险，建议险种分开配置，并充分了解清楚每一项险种对应产品的责任。

（一）意外险，怎么选

意外险解决的是由于意外事故导致的经济损失补偿。儿童意外发生概率较高，猝不及防，如容易磕磕碰碰、猫抓狗咬、烫伤等。可以说意外险是儿童的第一款商业保险，针对孩子来讲，意外险是刚需也是必需的。

意外险不分是否得过大病、年纪老幼，都是一口价，长期的或带返还的投资型意外险价格较高，建议意外险每年单独购买，交一年保一年，一年后市场上有更新的更好的产品，也可以及时更换。

在购买时主要看意外身故、意外残疾的保障和意外医疗的保障，因为绝大多数孩子发生的意外需要门诊或住院医疗，需了解意外医疗是否限制社保外用药，优先选择 0 免赔、100% 报销、不限医保范围报销的产品。另外需要看保障范围，是否有住院津贴，住院补贴是按住院的天数每天补贴费用，100 元每天或几百元每天。

有的保险增加接种意外等；有的增加第三者责任险，保障孩子给第三方造成的财产损失，保险公司可以给予补偿。产品不同的优势满足消费者的不同需求。

（二）重疾险，怎么选

重疾险是定额给付型保险，发生合同约定的疾病，如癌症等，无论住院医药费多少，按被保险人购买的重疾保额给付。

儿童患重疾治愈率高，康复机会更大，重疾一般需要三年到五年康复时间，需要大人陪护，重疾险保额的设定需要考虑治疗费用、长期康复费用，以及家人陪护导致的收入减少，建议保额 50 万～ 100 万元。

很多人可能觉得 100 万元保额高了，保费吃紧，其实保费不是制约我们配置高保额的原因，因为市场上的保险有很多种来满足不同家庭情况的需求。买不了终身，可以买定期，定期到 70 岁预算不足，可以定期到 30 岁。返还型、终身型重疾险价格高，可以组合消费型，像 0 岁宝宝选择消费型重疾险，保障 30 年，50 万元保额，每年的保费五六百元，选择保到 70 岁，很多产品每年保费一两千元。

选保险像选车，同一款车，有低配，有高配，保险也可以根据家庭需求来考量是否需要附加责任，如是否附加投保人豁免，消费型还是返还型，不同产品差异非常大，不能只选公司不看具体责任范围。

1. 买定期还是终身

由于通货膨胀，终身重疾险的价值受到很多消费者的质疑。很多重疾都对治疗手段或者实施的手术做了具体约定，那么随着医疗水平在不断提高，买了终身重疾，小孩能用上的时候，未必跟当时的医疗手段相匹配，且二三十年后保险产品在不断调整优化，如果遇到更好的产品又想买，怎么办？

小朋友选择终身重疾的好处是，可以按投保时的年龄对应的保费持续整个缴费期，年龄越小保额保费越低，小朋友投保前如果没有异常体况，保险公司能全部承保。

定期重疾险也有不足：如果被保险人身体出现健康问题，再要投保重疾险，可能涉及病史，就会除外责任或者拒保，就像现在 30 岁左右的年轻人，很多都有健康小问题，如结节、结石等，投保健康险时有些情况就会被除外责任。终身型重疾核保一次就能保障终身，不管将来孩子身体出现了什么问题，保障一直有效。综合考虑，可以选择定期重疾险和终身重疾险组合保额的方式对未成年人叠加保障。

2. 针对少儿特定高发重疾，专项保障可加强

小孩高发的疾病如白血病，几乎占了 50% 儿童恶性肿瘤，很多重疾险针对儿童特定疾病加大了保障力度。对于白血病、严重川崎病等疾病翻番保额赔付，比如重疾保额是 50 万元，白血病等儿童特定疾病保额是 100 万元，加大了儿童保障的力度。

3. 是否包含儿童高发重大疾病

国家金融监督管理总局对高发的重疾险做了统一规范和定义，对于儿童重疾，业内一直没有明确的标准，对于重疾险的保障责任我们也可以关注是否包含儿童高发重大疾病。

儿童高发重大疾病包括，恶性肿瘤（含白血病）、严重川崎病、重症手足口病、严重癫痫、严重哮喘、严重 I 型糖尿病、严重瑞氏综合征、严重幼年类风湿关节炎、重症肌无力、严重肌营养不良、重型再生障碍性贫血、严重的原发性心肌病、疾病或意外导致的智力障碍、严重心肌炎、成骨不全症、严重脑损伤等。

4. 投保人豁免

投保人是保费的来源，小孩保费是否能持续缴纳，受大人的影响，投保人豁免具体来说就是父母给孩子买了重疾险或其他险种，万一父母不幸发生合同约定的保险事故（如身故 / 重疾 / 全残）时，后续保费不需要缴纳了，小朋友的保障不受影响。在给孩子买保险时，能附加建议附加，相当于为保险买了一个"双保险"。

（三）医疗险，怎么选

重疾险保的是大病，保险责任不可能涵盖所有的大小疾病，就需要配置医疗险，来解决大大小小的医疗费用补偿的问题。

1. 少儿医保

首先要给孩子买所在城市的少儿社保，社保是国家给居民的基础保障，带病可以投保，保证续保。另外，孩子买上社保后再买商业保险也更便宜，按有社保价格买的商业医疗险出险时需要先社保报销，社保报销后商业保险100% 报销，社保没报销部分商业医疗险按 60% 报销。

当然社保本身也有它的限制，如报销有起付线和上限、报销用药有限制，很多药物和进口器材不报销。社保是基础保障，商业保险是品质提升，相互搭配，能做到保障上的互补。

2. 小额医疗险

低保额，低免赔，保额一般在 1 万 ~ 5 万元，优点是住院就能报销，缺点是保额较低，可以作为医保的补充，解决一些小的住院医疗费用的问题，小朋友抵抗力弱，换季可能会感冒，住院医疗在 7 岁前非常重要。

3. 高保额，高免赔医疗险

常常以百万医疗的形式出现，一般有 1 万元免赔额，即每年自费超过 1 万元的部分才可以报销，过滤掉了绝大部分医疗费用理赔，所以一年的价格在 500 ~ 1000 元。

还有部分医疗险没有免赔额，几百元到几十万元都可以报销，结合了小额医疗险和百万医疗险的优势，保障额度在 0 ~ 400 万元，大大小小的医疗花费都可以报销，保额充足，大人不用担心任何医疗花费，每年的保费在 1000 元到几千元。

医疗险根据人们对医疗保障和就医品质的要求，分为小额医疗险、百万医疗险、中端医疗险、高端医疗险。购买时可以根据日常就医习惯选择适合孩子的医疗险，比如平时去公立医院普通部就诊可以选择小额医疗险或百万医疗险，日常去公立医院特需部、国际部就诊可以选择中端医疗险，日常去高端私立医院就诊可以选择高端医疗险。

医疗险是报销型保险，根据住院看病的发票进行报销，医疗险的保额是报销的限额，所以不必太纠结保额是 300 万元或 400 万元，实质就诊一般也很难达到这个数额。

少儿所处的年龄段，平常感冒、发热等情况比成年人频繁，保险公司承保少儿医疗险的风险高，因此费率也会比青壮年的医疗险费率高，建议给小朋友买的医疗险免赔额低一点或者 0 免赔，可以报销感冒、肺炎住院的小额花费。大部分医疗险属于短期险，消费型，买一年保一年，不能保证续保，有停售断保风险，只能作为短期保障，也有部分保险公司设计了长期医疗险，保证 20 年续保，稳定性好一点。

（四）小朋友有必要买定额寿险吗

定额寿险是身故赔付的保险，现如今很多人身上背负着房贷、车贷等大额债务，并且有的家庭是单收入来源，一旦发生身故风险，其他家庭成员将要承担非常大的经济责任，身故保障的产品初衷是完成被保险人未完成的责任和义务。小朋友不是家庭经济的来源，其健康和安全是最重要的，因此购买保险时应优先考虑健康保障，而不是身故保障。

（五）教育金

在基础保障配置充足的前提下，可以为孩子筹划教育金和终身的现金流，为其以后的上学、创业费用，养老作准备。需考虑好是否在不影响现在生活的前提下有一笔闲置资金期望安全、稳健，跨越 20 年为将来孩子的教育提供稳定的现金流，用现在的钱锁定将来可见的安全稳定持续的现金流。

（六）什么时候给孩子买最合适

一般情况下，孩子 28 天后可以投保商业保险。保险一般都有等待期，提前买提前得到保障，拥有的保障期越长。如果孩子因为感冒、肺炎等原因住院或者有其他并发症时，再选择购买保险，保险公司对于异常体况可以除外或加费承保，甚至可能会拒保。当孩子满足投保年龄要求提前购买保险，孩子就可以拥有全面的保障。

购买保险是当风险到来的时候，有足够的保障让我们能做出最好的选择，保险也不是一次性就能配齐的，可以根据家庭收入和家庭结构对保单每年动态调整。

三、如何给父母选择保险

父母随着年龄的增长，身体异常指标会增加，患疾病的概率和疾病的发病率直线上升。不经意的某一天，我们可能突然发现，那个有着宽阔臂膀的父亲脾气变小了，走路变缓了，腰板儿不那么直了，经常一个人去药店买药，每次都吃一把药来止痛或降压，来抵抗疾病发起的不断攻击。

很多年轻人在给自己和孩子了解保障的过程中，也考虑给父母了解适合的保险。但父母年龄越大，患病概率越高，身体多少会有老年病，买保险并不是那么容易。保险公司是商业机构，经营风险管理，它们也深知老年人的疾病风险，部分保险公司直接放弃了老年人重疾医疗市场。

（一）给父母投保时遇到的问题

年龄限制：很多保险有购买年龄限制，比如重疾险 60 岁以后基本买不到了，医疗险有的产品限制首次投保年龄 60 岁或 65 岁。年龄越大，可以选择的健康险的范围就越来越少，因为随着年龄的增长，患病和出险的概率不断增高。

保额限制：随着年龄的增长，重疾风险加大，保险公司严格核保，保额也有一定的限制，比如重疾保额不高于 10 万元等，不仅保额低保费还高，老年人购买重疾险所交保费和保额相当，杠杆较低，每年保费是年轻人的几倍以上。

健康告知要求：老年人或多或少有高血压、高血脂、高血糖，购买保险受各种健康告知的制约，也有部分产品要求超过一定年龄的投保人购买保险前需要做全身体检。

保费价格：岁数越大，保费价格越高，百万医疗险年轻人的保费每年几百元，老年人购买可能每年 2000 元到 3000 元。重疾投保可能也会出现保费倒挂，交的总保费大于保额，在缴费期内有保障杠杆。

近年来保险公司意识到这个问题，于是想了一个办法：双方各退一步，保险公司把保障范围缩小，限制也随之减少，但这个保障范围不能太小，得有存在的意义，于是防癌险应运而生。

（二）老年人是否适合防癌险

历年理赔数据显示，恶性肿瘤的赔付概率占所有重疾赔付概率的七成以上，恶性肿瘤是所有重疾中最高发的疾病。防癌险因为只保恶性肿瘤，所以保费相对较低，对于 60 岁以上的父母来说，用较低保费配置防癌险是很有意义的。

美国杜克大学癌症生物学博士李治中在《癌症·真相》一书中表述和癌症发生率最相关的因素是年龄。《肿瘤年报》中癌症发病率从 40 岁以后指数增长，高发的癌症基本都是老年病，小孩子也可能得癌，但他们的癌症类型很特殊，和成人的完全不同，儿童可能得白血病，但几乎没见过小孩得原发肺癌、直肠癌。

随着生活水平的提高，人的寿命越来越长，我们不得不面对的是人口老龄化问题，癌症的发病率和发病人数主要集中在 50 ~ 80 岁，80% 的癌症发生在 50 岁以上，对于老年人来说，对癌症的保障其实是刚需。但重疾险一般限制最高投保年龄在 55 ~ 60 岁，超过此岁数的人群无法投保，并且老年人如果有三高、糖尿病、心脑血管，往往被重疾险拒之门外，而大多数防癌险投保年龄可达 75 岁或 80 岁，核保难度相对较低。只要不是易引发癌症的症状(肝部疾病、器官或组织的结节等)，保险公司都不介意，就算有三高、冠心病、糖尿病，都可以购买防癌险。

癌症最大的副作用是经济毒性。李治中博士在《癌症·新知》一书中提到抗癌药的毒副作用，很多人第一反应就是化疗后的脱发、严重腹泻、免疫力下降。近 20 年来，大量抗癌新药上市，我们觉得靶向药物和免疫药物能解决毒副作用，副作用更可控，但是靶向药物和免疫药物有一个比化疗严重得多的毒副作用，是经济毒性。昂贵的药物价格给患者和家庭带来的经济负担和心理压力，才是抗癌药最大的毒副作用，癌症治疗正走向混合疗法阶段，以后的治疗费用肯定还会更高。

癌症真正花钱是在最后三个月，虽然在之前，患者可能已经经历了手术、放化疗等各种治疗，但越是到最后，人的求生欲望越是会迫使患者及其家属去寻求各种各样的方法，以期望可能发生奇迹，而这些方法的花销往往也是巨大的。

根据权威期刊《柳叶刀》发表的论文，通过对 1.4 万名癌症患者调查，一位患者的治疗费用要超过一家人的全部收入，这是很多患癌家庭面临的困境，残酷而真实，即使算上医保，癌症治疗的费用仍是灾难性的。

（三）如何给父母选择方案

父母年纪大了疾病高发，根据父母不同的年龄和身体状况可以选择不同的方案。

方案一：年纪在 60 岁以下身体健康，建议配置意外险 + 百万医疗险 + 重疾险

老年人身子骨不如以前硬朗，发生意外的情况高于其他年龄段的人群，

意外险保费性价比高，对被保险人的健康体况没有很高的要求，65 岁前投保意外险，跟年轻人购买意外险的费率是一样的，超过 65 岁需要选择专为老年人设计的意外险。

老年人身体行动不便，骨质比较疏松，摔倒很容易造成骨折，有些意外险产品对于老人骨折会加码保障，对于骨折额外保障的意外险更符合老人的需要。如果身体条件比较好，建议配置医疗险。很多人可能会说，我都有医保了，还买什么商业医疗保险呢？《流感下的北京中年》中的岳父，也有医保，同时退休职工的报销比例也要高于在职的时候，但基本没起到作用。因为自费药、较好的器材、尖端的医疗技术手段等，都不在医保的可报销范围内。

重疾险是定额给付型保险，发生合同约定的疾病，一次性给付约定的保险金额，一般投保年龄上限是 60 岁，老年人购买重疾险算起来不那么划算，可能会倒挂，需根据保费预算进行权衡。

方案二：年纪在 60 ~ 75 岁或有三高、糖尿病，建议配置意外险 + 防癌医疗（重疾）保险

如果父母年龄过了 60 岁，过了重疾险投保年龄，并且有高血压、高血脂、糖尿病等情况，不符合百万医疗险的健康告知，建议购买防癌险 + 意外险，医疗防癌险是短期险，也可以选择提供长期保障的防癌重疾险。

防癌重疾险和重疾险一样是给付型保险，保险公司按保额赔付，不过保险公司对于防癌重疾的保额有限制，一般不超过 20 万元。防癌医疗险是报销型保险，对于癌症住院过程中的花费可以凭发票进行报销。防癌医疗险对于癌症外的心脑血管疾病不保障，但对于有三高、糖尿病的买不上百万医疗的老年人，也能覆盖一定的医疗支出。

方案三：年纪在 75 ~ 80 岁，建议配置意外险

父母年纪大了，身体和精神状态下降，反应力、敏捷性、身体机能均大不如前，发生意外的概率要远高于青壮年时期，容易不小心滑倒造成摔伤或骨折，有必要补充意外险。

突发意外一般需要门诊或住院医疗，需了解意外医疗是否限制社保外用药，是否包含意外医疗责任，意外险基本对身体健康状况没什么强制要求，适合每年续保。

平日里定期陪父母体检，提醒他们保持良好的生活习惯，老年人处于疾病高发期，年龄越大免疫系统越弱，疾病发病率越高。如果他们的身体状况不符合保险公司投保的要求，可以通过储蓄或者投资理财的方式为父母建立专门的医疗储备金，为疾病高发期的父母提供充足保障。

另外，年轻人自身的保障也是非常关键的，万一我们发生风险不会让父母负担更重，我们是父母最强有力的保障。

四、如何给自己选择保险

对于生活中的意外和疾病，我们是不可控的，如今越来越多的人开始认识保险，通过保险转嫁生活中的风险。那么，如何给自己选择保险呢？

（一）最基础保障：定期重疾险+百万医疗+意外险

医疗险是报销型保险，弥补看病住院的支出，补充社保报销不了的额度和报销不了的范围，普通百万医疗险报销额度300万元或400万元，30岁左右每年保费几百元，能抵抗大额医疗花费，只是免赔额为1万元，即住院花费社保报销后自费1万元后才能报销，相当于小额医疗费自担。

意外是外来的、突发的、非本意的、非疾病的。意外险的保障责任主要分为两部分：第一部分是意外医疗，因意外受伤引起的门诊和住院，建议选择不限社保用药都能报销的，如进口钢钉、狂犬疫苗等，看病产生的医疗费用，凭发票联系保险公司理赔。

第二部分是意外身故和伤残，身故保险公司赔付保额，伤残按伤残等级赔偿相对应保额，1～10级伤残分别对应赔付100%～10%基本保额。

定期重疾险以约定的重大疾病确诊为赔付条件，重大疾病治疗费高，如癌症、急性心肌梗死、脑卒中、器官移植等，重疾险属于给付型保险，达到理赔条件，保险公司一次性赔付约定保额。如果投保时身体有异常体况，投保重疾险可能除外延期或拒保。重疾的保障期限有定期和终身，预算不足可以先选择定期重疾，至少保障到 70 岁，保费性价比高，后期预算充足可以补充保额，保障到终身的重疾险，或者同时选择定期重疾＋终身重疾组合的方式。

（二）基础保障：0免赔医疗险+意外险+终身重疾险+定期寿险

0 免赔的百万医疗险，报销住院过程中大额小额的花费，类似一张医疗就诊卡，当年住院不担心花其他钱，医疗支出控制在保费内。如果对就医环境没有太高要求，可以选择报销公立医院的 0 免赔医疗险，医院 VIP 单间、特需部分报销不了，30 岁左右，每年的保费 1000 元左右。

定期寿险是以身故为赔偿条件的保险，无论是疾病身故、意外身故还是自然死亡，寿险都能赔付。定期寿险自己用不到，万一发生身故风险，不用担心没还完的房贷与日常生活支出，保障家属还能继续生活。

定期寿险可以用便宜的价格买到较高的保额，是家庭支柱的标配，寿险的保额建议覆盖家庭未尽的债务总额，包括待还的房贷总额、子女教育费、父母赡养费等，保障时间可以选择保到 60 岁或 70 岁，那时我们基本退休，经济责任卸下来了，假如 30 岁买房，贷款 30 年，60 岁房贷基本还完了，子女也有赚钱能力了，不用再背负较大的经济责任。

（三）升级保障：中端医疗险+意外险+定期寿险+终身重疾险+年金保险

中端医疗险可以附加报销特需部、国际部单间，如北京协和医院国际部、中日友好医院国际部，可以报销挂号费、住院花费、外购药，住院直付，住院花费不占用家庭现金流。中端医疗险解决就诊的医疗花费和就医品质等问题。

重疾险，生一场大病我们可能无法工作，收入中断，重疾险一次性赔付保额，可以弥补生病期间的收入损失和病后的康养花费，维持日常生活的刚性支出，保证家庭正常运转。重疾产品形态有重疾单次赔、重疾多次分组赔、重疾多次不分组赔，预算充足，可以选择多次不分组保障到终身的重疾险，因为未来一旦身体状况发生变化，可能买不上重疾险了。

除了健康类风险，每个人还都会面临一种风险：那就是长寿。普通百姓人人追求的长寿为什么也变成了一种风险呢？我们赚钱一阵子，但是要花钱一辈子，当我们老去，想要维持年轻时同样的生活品质，在收入锐减的情况下，靠社保靠儿女很难实现，需要在年轻时就提前做好准备，通过年金保险和增额终身寿险做强制储蓄。

（四）全面保障：多次赔付重疾险+高端医疗险+意外险+终身寿险+年金保险

高端医疗险在中端医疗险的基础上扩展私立医院和全球就医，如附加新加坡、日本、美国等国家和地区就诊花费。

寿险分为定期寿险和终身寿险，定期寿险性价比高，但只能保障一定期限，过了保障期限合同自然终止。终身寿险和定期寿险功能一样，被保险人发生身故风险，保障家庭的经济损失，缓解家庭经济压力。终身寿险比定期寿险保障期限更长，能够保障到终身，适合资产传承。如企业家家庭财富足够日常生活和未来支出，考虑给后代做资产传承，传承金额、收益顺序、收益比例可以设定，就可以用小额保费撬动高额身价保障，做传承规划。

保险是一个金融工具，每个人需求不同，想解决的担忧不同，根据每个人的需求和担忧，通过不同险种的组合，为我们的生活保驾护航。

第四课　健康告知和核保

一、为什么要进行健康告知

（一）什么是核保

核保是保险公司风控部门对投保人、被保险人的健康风险、财务风险、职业风险以及其他风险等进行审核评估，根据审核结果，保险公司作出是否承保，以及是否加条件承保的决定。

我们投保时，希望保险公司为我们承担未来疾病、身故、意外带来的风险时，本质上是我们和保险公司做了一笔交易，我们交一定的保费，保险公司保障我们未来的健康风险，风险发生时，给付我们赔偿金。

但保险公司也是商业机构，需要作出承保前的判断，衡量成本与风险。在投保时告知的身体体况，会有专门的部门进行核保审核，评估被保险人未来风险概率大不大，是否可以正常承保。

（二）保险公司评估的因素

一般会评估健康、体检、住院记录、职业、财务等情况。

1. 健康风险

健康风险包括体型、体检情况、既往病史、现病史、家族史。过往体检有没有存在异常指标，如血压偏高、尿酸偏高、甲状腺结节等。举例来说，和健康人相比，慢性乙肝患者在未来身患癌症的概率明显会高一些。

2. 职业风险

职业风险包括职业病、职业伤害、职业收入及持续性。工作是否经常接触有毒物质、粉尘、光照等易引起职业病的职业。防爆工作、航空航运工作人员、搬运工、修路工、建筑工、化工厂工人、粉碎工、矿石搬运工、高空作业的工人发生意外的风险显著高于天天坐在办公室的白领。

3. 环境风险

环境风险包括居住地、生活习惯、是否参加危险运动。赛车手、登山运动员等高风险运动职业，酷爱极限运动的年轻人发生意外的概率也普遍较高。

4. 道德风险

道德风险包括自杀、自残、谋杀。这对核保的专业有很高的要求，首先是风险识别，对风险进行评估。

总的来说，保险公司会判断风险因素是否会影响疾病发生率、死亡率和理赔率，并根据这些因素来决定保费和是否承保。

健康告知为什么还会问询客户收入水平、财务情况？因为保险公司要根据这些因素来判断投保人是否有持续续期交费能力，保障和收入是否匹配，防范逆选择，防范道德风险。保险公司通常规定累计期交保险费不超过年收入的20%，如果超过年收入的20%，可能会影响到交费，然后会要求调整保险计划。

另外，健康告知会问询身高体重，关注 BMI 指数。如果体重偏高，无其他问题，医生一般只建议注意饮食，积极运动，并提示未来有心血管风险。而核保可能会加费甚至拒保，因为过度肥胖导致死亡率、心脑血管疾病发生率高于正常人，影响寿险（身故责任）、重大疾病险（心脑血管方面重疾）、医疗险（相应疾病就诊）的费率。

很多人觉得核保不考虑未来我可能减肥的情况吗？是的，从核保角度来看，会以当前状况看并且假设当前状况不变去评估未来的风险，这是基于控制成本、概率的需要，概率思维贯穿整个核保过程，也是保险公司对未来评估判断的依据。如果 BMI 指数影响了投保或被拒保，当下考虑减肥，可以在减肥后提交新的投保数据，按最新的身体指标做投保申请。

（三）健康告知和核保

在我们投保寿险、健康类保险时，一个重要环节是投保人需填写健康问卷。如实提交自己目前及过往的健康状况，这个健康问卷有许多问题，不同的产品问卷可能都不相同，这就是健康告知。健康告知是指保险公司在接受客户投保申请前，要求投保人确认的与健康因素有关的信息，以保证被保险人的真实情况符合其承保风险要求。

一个健康告知的内容，包括既往病史、现病史、住院、手术时门诊记录、体检异常等，每家公司的健康告知都有差异，询问的时间也不一样，这个问卷会出现在合同里，是合同的重要组成部分，具有法律效力。

买保险，正确地进行健康告知，是投保过程中最重要的一个环节。在实际投保过程中，部分投保人线上投保，方便、简单、一气呵成，但在这个过程中往往会造成另一个问题的出现：《健康告知》问卷会被忽视甚至忽略了。

1. 健康告知的重要性

健康告知很重要，不但重要，而且相当重要，因为它和理赔息息相关，如果不如实告知，可能影响出险后是否可以顺利拿到理赔金。据相关统计，80% 的理赔纠纷是因健康告知引起的，做不好健康告知，等同于给以后的理赔留下了隐患。

保险法第十六条 订立保险合同，保险人就保险标的或者被保险人的有关情况提出询问的，投保人应当如实告知。投保人故意或者因重大过失未履行前款规定的如实告知义务，足以影响保险人决定是否同意承保或者提高保险费率的，保险人有权解除合同。

前款规定的合同解除权，自保险人知道有解除事由之日起，超过三十日不行使而消灭。

自合同成立之日起超过二年的，保险人不得解除合同；发生保险事故的，保险人应当承担赔偿或者给付保险金的责任。

投保人故意不履行如实告知义务的，保险人对于合同解除前发生的保险事故，不承担赔偿或者给付保险金的责任，并不退还保险费。

投保人因重大过失未履行如实告知义务，对保险事故的发生有严重影响的，保险人对于合同解除前发生的保险事故，不承担赔偿或者给付保险金的责任，但应当退还保险费。

保险人在合同订立时已经知道投保人未如实告知的情况的，保险人不得解除合同；发生保险事故的，保险人应当承担赔偿或者给付保险金的责任。保险事故是指保险合同约定的保险责任范围内的事故。

因为保险合同是一份射幸合同，保险公司承保的保险标的的风险事故是不确定的，投保人只需在投保时支付较少的保费，一旦发生保险事故，被保险人能获得的赔偿往往是保费支出的数十倍，这决定了保险可能存在逆选择和道德风险。

就单份合同而言，保险公司承担的保险责任远大于收取的保费，若投保人不诚实，不如实告知，必然导致保险公司承担更多的赔偿责任，影响保险公司的长期运营，最终也损害其他投保人的利益。

2. 保险公司为什么要设置投保前的健康告知

投保人购买保险，是为了做风险转嫁，将自己未来承受不起的、不知道有多大影响的风险，通过订立保险合同转嫁给保险公司。对于保险公司来说，它们需要判断被保险人现在的身体状况对未来的影响，保险是保障未来发生疾病的风险，对于已经存在的风险它们有权做出评估，并不是所有的投保都会无条件接受。

健康告知是保险公司在接收到客户的投保申请时设置的投保门槛，保险公司担心一部分人带病投保，带病投保意味着容易生病，容易生病意味着容易拿到理赔金，如果产品都卖给带病投保的人，保险公司将无法长期经营。

从消费者的角度来说，同年龄、同性别的被保险人，身体状况是不一样的，健康告知用于筛选客户，筛选出来的大家基础健康条件差不多，每个人用到理赔金的概率差不多。如果有人不健康，用到理赔金的概率就会高很多，所以保险公司拒绝他们的加入或者加费、除外。

健康告知也是保障一部分消费者权益的一种体现，因为理赔增加了，保险公司为了不赔钱只能涨价，如果保费涨价，涨到一个可以承担道德风险和逆选择风险的费率，这显然不是我们愿意看到的。所以，保险公司通过对被保险人健康的筛选，也是为了让健康的客户享受最低廉的保费。

（四）临床医学和核保医学

很多人在进行健康告知时会有疑问，为什么医生都说我没事，可是检查的异常项等依然属于健康告知中的异常范围？

因为临床医学分析的是个体的健康风险问题，医生给的建议，考虑的是我们当下的风险，治疗当下的疾病，对目前的身体有什么影响，可能定期复查就可以，对症下药就可以。保险保的是未来，核保医学分析的是整个投保团体的健康风险问题、未来保障期的理赔概率问题，保险公司考虑背后潜在的风险，它们的角度和标准是完全不一样的。

比如，有的保险会在健康告知里要求填写被保险人的身高和体重，这一步主要是看被保险人的 BMI 指数，看被保险人是不是偏重。中度以上的超重购买保险时可能要求加钱（加费），为什么会这样呢？因为在医学里，肥胖者血脂、血糖异常等疾病发生的概率大于一般人，这些疾病都在保险的保障范围内，所以保险公司需要了解被保险人的相关信息。

保险公司通过有医学专业知识的核保人员，就收集到的客户健康告知的信息进行风险评估，考量这对被保险人未来的健康状况有没有直接或间接影响，是否存在逆选择的倾向，来判断是否接受被保险人的投保申请。

（五）核保的结果

核保通过审核过往已有的体况，进而决定是否承保、以什么条件承保：正常承保、除外承保、加费承保、拒保。

1. 正常承保（标准体）

最理想的结果，身体健康、没有职业风险、财务风险及其他风险，符合健康告知的所有要求，可以直接投保。或者也可能身体有一些异常体况，但经过核保审核，风险没有太大增加，直接正常承保。

2. 加费承保

有不符合健康告知的情况，但也在基本可以接受的范围内，保险公司觉得被保险人的风险高一些，接受投保有个前提要求就是增加保费承保，增加保费比例可能为 10%、20%，甚至高达 50%，但承保的责任与正常承保的责任是一样的。

3.除外责任

被保险人目前所患疾病在未来出险的风险较高，但带来的风险后果比较单一，不会造成整体健康风险。保险公司就把这一块的风险给除外不保，其他风险仍然在保障责任内。如甲状腺结节，最直接的影响是重疾责任的甲状腺癌，保险公司会把因甲状腺引起的并发症除外，其他责任保持不变。

4.延期承保

保险公司考虑到被保险人目前某个健康状况不明或目前的疾病尚未完全治愈，这个疾病带来的结果当下没法作出向好的方向发展还是向坏的方向发展的判断，需要一定的时间观察。所以，保险公司暂时不接受这次投保申请，待明确诊断后再来尝试投保。比如肺结节，一般核保结论是延期，需要进一步检查，有没有变化或增大，如果一年后复查没有变化，可能会除外肺部承保。

5.拒绝承保

这是最糟糕的情况，保险公司拒绝客户的投保申请。被保险人身体状况的风险超过了公司承保的范围，保险公司便不接受这个投保申请了。如糖尿病，无法根治且有并发症风险，控制好了或许一辈子没事，而控制不佳，则可能出现失明、截肢、肾病、心脑血管疾病等风险，保险公司不愿承担这个风险。

此外，不同保险产品的核保严格程度是不一样的，寿险核保关注的是人死亡率的风险，重疾险评估重大疾病发生率的高低，医疗险关注医疗住院的概率，意外险关注意外发生率的大小，所以同一被保险人投保不同产品，可能有不同的核保结果。

对于已有体况，核保结果除外或加费，可以选择投保，因为体况是不断变化的，现在的体况可能是未来日子里相对较好的。也可以不选择投保，对身体作一定的调养，调养后如果指标有变化，再重新投保。另外，不同公司对同一情况的核保结果可能不同，为了争取更好的核保结果，可以多家投保，在一家是除外，在另一家可能可以正常投保。

（六）关于"两年不可抗辩"

有人可能会考虑，健康告知没有什么大问题，即便以后可能产生理赔纠纷，打官司不就好了，再说了保险法上不是有个"两年不可抗辩"吗？两年内保险公司没发现我身体有问题不就完事了？但真的发生理赔，生着病四处奔走忙着治病，是否还有精力去处理理赔纠纷、打官司呢？

保险法第十六条规定：自合同成立之日起超过两年的，保险人不得解除合同。诚信原则是整个保险合同订立的基础，如果存在故意欺瞒，在过往案例中，最高人民法院也有依据合同法作出判决：因为合同存在欺瞒，与合同法的订立要件不符，合同自始无效，保险法两年不可抗辩也不起作用，保险公司可以解约拒赔。

（七）普通消费者的做法

平时保存好自己五年内体检、就医的记录，投保时如实健康告知。因为我们买保险，本就是为了买一份踏实和安心，如果隐瞒了，总担心会不会给我赔付，我是不是白交了保费，心里反而一直不踏实。

保险理赔没那么复杂，满足理赔条件和达到理赔标准，保险公司就会正常赔付。如果保险公司不承担理赔责任，也不用担心，有保险法和国家金融监督管理总局的监督。对于消费者来说，最重要的是投保前是否了解自己购买的是哪种险种责任，有没有如实进行健康告知。

二、如何告知，有什么技巧

首先我们需要知道，健康告知有两种方式：无限告知和有限告知。无限告知，是指投保人把已知和应知的和投保有关的所有情况告知保险公司，不得有所保留。香港保险遵循的是无限告知。

有限告知，即询问告知，内地遵循的是有限告知，这条准则依据保险法第十六条的规定：订立保险合同，保险人就保险标的或者被保险人的有关情况提出询问的，投保人应当如实告知。核心：提出询问的，应当如实告知。反推：没有提出询问的，可以不用告知。举例：某寿险产品的健康告知问到被保险人是否有肝硬化？根据这条询问，不管被保险人是乙肝病毒携带、小三阳，还是大三阳，只要不是肝硬化，都不需要告知保险公司。

正确进行健康告知的技巧是什么？

投保时，对待健康告知要像做阅读理解一样，一条一条地仔细阅读，以自己知道的门诊、住院、个人医疗、购买药品记录、体检检查报告为标准，结合自身的情况进行回答。

有小伙伴会问，既然健康告知这么重要，我要不要先去做个体检？建议除非针对既往异常项的单项复查，不建议大家在投保前去做体检，以免节外生枝，检查出新的小异常。

（一）注意问询的时间范围

除了健康告知说明里提及的各种病症，还要关注时间范围，有的健康告知询问"1年内"、"2年内"或"5年内"的身体状况。有的则需要将既往情况都进行告知，要以健康告知里的说明为准。我们看看下面的例子：

被保险人过去1年内是否存在健康检查异常且长期服药超过1个月？如果在问询的时间内有相关病史，是需要告知的。但如果是1年前的检查异常或服药仅半个月，就可以不用告知。

健康告知问到在过去两年内您是否存在以下一项或几项检查结果异常：如血常规异常、尿常规异常、X光、B超、彩超等。如果在体检的时候有血常规异常，体检询问的是两年范围内，如果自己的体检结果是在三年前，那就不需要健康告知了。有一些问题问询既往住院情况，比如，被保险人是否曾住院接受治疗？保险公司问的是曾经，无论你是去年住院，还是三年前住院，都应该如实告知。

投保后在等待期体检有健康小异常，需不需要去补充告知？这个需要明白，我们的告知是在投保前，在订立保险合同时根据询问如实告知，在投保以后没有要求去告知，没有必要投保后再告知。

（二）概括性条款的如实告知可以不答

关于如实告知，保险法司法解释中还有一条对消费者非常有利的条款：保险人以投保人违反了对投保单询问表中所列概括性条款的如实告知义务为由请求解除合同的，人民法院不予支持。就是健康告知中的概括性询问内容，我们可以忽略。

什么是概括性询问？

最典型的是，一些保险产品健康告知中会询问，是否存在上述未提及的疾病症状？近三年内是否患有其他疾病？这些问题就是没有具体内容的概括性询问，或者说问得很宽泛很笼统的问题，属于无效的询问，是不需要告知的。

（三）如果存在不如实告知，如何补救

被保险人投保后，发现有些身体情况没有如实告知，需要通过保全进行补充告知。补充告知就是在投保以后，发现自己告知不全，可以补充提交资料。保全补充告知以后，补充告知的内容会转给核保人员，核保人员会重新进行审核。审核结果可能是合同继续有效，也可能是合同需要加费或除外，还可能会解除保险合同。

保险的健康告知，需要保险公司和消费者都遵从"最大诚信原则"。健康告知是合同的一部分，任何合同签订的前提都是诚信。如果健康告知出现了重大疏漏，违反了最大诚信原则，影响到了保险公司的核保决定，那么保险公司有权解除合同，甚至是拒赔。

当有异常情况，投保时我们须如实告知并提交体检报告，保险公司进行核保。另外，有异常体况也可以灵活选择保险公司或产品，获得好的投保结果，不必故意隐瞒。

（四）如何提升核保通过率

简单一点就是我们清晰地把身体异常告知清晰，如"在什么时间，因为什么原因，在哪里（在医院还是体检中心），进行了什么样的诊断或治疗，治疗效果如何，后续情况是怎么样的，有没有后续治疗，有没有复发，目前状

况是怎么样的。上传相关的体检报告，如果没有提供资料，一定要注明原因。

每家公司的核保也有差异化，目前市场上上百家保险公司，每一家保险公司都有自己专门的核保部门。不同的保险公司，甚至同一家保险公司在不同的时期，针对同一个体况给出的核保结论可能都是不一样的。

不要执着于一家保险公司或一款产品，不同的保险产品的健康告知不一样，比如，就乙肝小三阳这个体况来说，有的产品可以正常承保，有的就要增加保费。我们要做的就是在不同保险公司投保，争取尽可能优的核保结论。

拥有核保的思维和视角，理解其背后逻辑后，就可以更好地做好健康告知，提交投保申请了。

三、常见异常体况核保

（一）高血压影响投保吗

高血压是以血压升高为主要临床表现，是多种心脑血管疾病的重要病因和危险因素，也是心脑血管疾病的主要原因之一。高血压病因有遗传和环境等多种因素，比如摄盐越多、高蛋白摄入、饮酒，体重超重或肥胖也是血压升高的主要危险因素。

正常的血压收缩压低于 140mmHg，舒张压低于 90mmHg；一级高血压是收缩压超过 140mmHg，舒张压超过 90mmHg；二级高血压是收缩压高于 160mmHg，舒张压超过 100mmHg。

收缩压是心脏收缩时，动脉压力上升，对血管内壁的压力；舒张压是心脏舒张时产生的压力。不管是收缩压还是舒张压，只要有一项超过数值了，就属于高血压。

高血压的风险评估比较复杂，需要了解被保险人有没有超重，有没有糖尿病、高脂血症等情况，高血压原发还是继发，血压控制水平，并发症等来分析。高血压可能是原发的，也可能是继发于其他疾病，如慢性肾小球肾炎、糖尿病肾病、先天性肾病综合征等，这些疾病往往比高血压本身带来的后果更严重。

血压控制水平。血压数值越高、患病时间越长、控制水平越差，对脏器、血管的损害越大，血压在短时间内的波动越大，对身体器官、血管的损害越大，发生中风等其他危险情况的风险越高。

因此，高血压问卷中包含了对初患高血压的年龄、高血压水平、治疗情况、服用药物情况、血压监测情况的询问，以及高血压并发症的问题。

高血压能影响重要脏器，如心、脑、肾、眼的结构与功能，严重的导致器官功能衰退。部分保险公司对于高血压的核保比较严格，因为高血压容易引发心脑血管疾病，40岁以上二级高血压一般加费，40岁以下二级高血压一般拒保。

血脂：关注的指标主要是总胆固醇、高密度脂蛋白胆固醇、低密度脂蛋白胆固醇和甘油三酯，核保会综合几项指标和体重，以及是否有脂肪肝来判断，指标异常较多一般会加费。

血糖：空腹血糖正常值是低于6.1mmol/L，血糖在6.0～7.0mmol/L为糖调节受损。如果血糖升高，一般会建议复查空腹血糖和糖化血红蛋白，糖化血红蛋白可以反映2个月的血糖平均水平，反映长期血糖控制水平的指标。如果诊断为糖尿病，重疾险一般会拒保。

（二）乙肝病毒携带，如何选购保险

乙肝病毒携带者、小三阳投保，在其他相关检查没有异常情况出现，一般可以正常承保或轻度加费，肝功能指标异常时可能会延期。肝功能指标异常可能会导致AFP（甲胎蛋白）阳性或转氨酶升高，而甲胎蛋白（AFP）是用于诊断原发性肝癌的生化检验指标，转氨酶升高则意味着肝脏受到损害，需要进一步检查明确诊断。

乙肝大三阳购买重疾险比较困难，一般会加费或延期，饮酒会加重乙肝的症状，如果有肝硬化或肝酶严重异常时会拒保。

1. 乙型肝炎和肝炎有何区别

肝炎指肝脏器官发炎，可能由细菌、病毒等引起，如病毒性肝炎、药物性肝炎、酒精性肝炎、脂肪性肝炎等。

其中，病毒性肝炎最为常见，最常见的是被 5 种病毒的某种病毒感染，使肝脏细胞和肝脏功能受到损害。

这 5 种病毒就包含了甲、乙、丙、丁、戊型病毒，乙型肝炎只是肝炎中的一种。甲型和戊型病毒性肝炎主要表现为急性肝炎，乙型、丙型和丁型病毒性肝炎可以呈急性肝炎或慢性肝炎的表现，并有发展为肝硬化和肝细胞癌的可能，乙肝是严重的病毒性肝炎，也是唯一一种可以用疫苗预防的肝炎。

2. 乙肝感染后的自然病史

乙肝是由乙型肝炎病毒（HBV）引起的一种世界性疾病，主要存在于肝细胞内并损害肝细胞，引起肝细胞炎症、坏死、纤维化。从感染乙肝病毒开始，部分患者就进入慢性肝炎期，乙肝不是会迅猛发作的疾病，从携带发展到肝炎一般有一二十年。

长期反复的炎症刺激肝脏，就可能发展为肝硬化，肝硬化后带来的是各种并发症，部分患者情况严重还可能变成肝癌。每年有 9% 的慢性乙肝患者会发展为肝硬化，有 5% 以上的肝硬化患者发展为肝癌。

不是到肝癌才有高风险，在病程中任何一个阶段都有风险，因为并发症驱使，比如说肝硬化失代偿期会引发食管胃底静脉曲张，导致消化道反复的大出血、重症肝炎等情况。在全球范围内高达 80% 的肝癌与乙肝病毒感染有关；在我国有 70% 的肝癌由乙型肝炎发展而来，每年因为乙肝导致肝癌患者死亡的人数达 18 万。

目前乙肝表面抗原的检测越来越简单、方便，但彻底根治体内的乙肝病毒却始终未能实现，虽然有干扰素、拉米夫定等抗病毒药物，但是它们仅仅是抑制病毒的复制，而不是将病毒彻底清除。例如，乙型肝炎的患者需要长期药物治疗。

大家应该明白了，购买保险时为什么乙肝会出现在健康告知中。说到健康告知，会问询被保险人是否有乙肝病毒携带，或是否有肝炎、肝硬化，有不同的术语。

3. 乙肝两对半、大三阳、小三阳、乙肝病毒携带、乙肝病毒肝炎等的区别

首先搞明白什么是乙肝两对半检查，这是筛查乙肝的一个抽血检查，乙肝标志物其实是有三对抗原抗体的，包括表面抗原、表面抗体、E抗原、E抗体，还有核心抗原和核心抗体，抗原是致病因素，抗体是保护因素。

但是核心抗原在医学检验上是很难检测出来的，所以三对乙肝标志物就变成了两对半，这就是乙肝两对半的来历，也称为乙肝五项检查，是衡量乙肝感染性和病情严重程度的指标。

如果乙肝标志物检查提示全部阴性（-），即代表从来没有感染乙肝，是健康人群，但是同时属于高危人群，因为没有表面抗体，没有抗体保护。如果只是表面抗体为阳性，则表明接种过乙肝疫苗，并获得了保护抗体，这个是最好的结果。

如果检查提示表面抗原为阳性，那就意味着感染了乙肝病毒，也就是乙肝病毒携带。根据乙肝两对半检查得来的结果，大三阳是指表面抗原、E抗原和核心抗体阳性（俗称的1、3、5阳性）；小三阳是指表面抗原、E抗体和核心抗体阳性（俗称的1、4、5阳性）。不管是大三阳还是小三阳，诊断的必备条件是表面抗原和核心抗体一定是阳性的。

在E抗原和E抗体上，我们经常被问到有没有抗体，因为抗体是保护因

素，抗原是病毒。大三阳 E 抗原是阳性，传染性强，而 E 抗体是阳性的则是小三阳，传染性弱。

4. 乙肝病毒携带和乙型病毒性肝炎的区别

乙肝病毒携带和乙型病毒性肝炎最根本的区别在于，乙肝病毒携带者是感染了病毒，人和病毒可以共存，病毒在肝脏里复制，但是免疫没有攻击，没有明显的症状，对肝脏有没有损伤。抽血化验肝功能也没有问题，查 B 超肝脏也是正常的，这种情况是乙肝病毒携带。

乙型病毒性肝炎的诊断包含两个条件：一是要确诊为乙肝病毒感染者，二是有肝炎的一些症状，如肝脏炎症，并导致肝功能受损，症状上乏力、吃不下东西。血液检查提示有肝功能异常，包括转氨酶的升高或者是肝组织活检有肝炎的表现，叫作慢性乙型肝炎，它分为两种情况，一种情况是大三阳的，另一种情况是小三阳的，也就是被病毒侵袭，发病的状态是一个肝炎的状态。乙肝病毒携带和乙型病毒性肝炎在不同状态下会互相转换。

比如被保险人是携带者，带有病毒，当他免疫力低下，病毒可能会损坏肝脏，肝功能损害就是肝炎患者，经过就医治疗后，肝功能慢慢恢复，它可以变回携带者。如果健康告知中出现的问题是你是否有肝炎，而你只是乙肝病毒携带者，就不需要告知了。

5. 乙肝病毒患者投保一般的核保结果和注意事项

重疾保险条款中关于肝脏的责任，包含肝脏的手术、早期肝硬化、肝癌、重大器官移植里面的肝移植、慢性肝衰竭等，有的是重疾中的轻症，有的属于重大疾病。对于乙肝病毒携带者来说，这些疾病的理赔概率大大高于健康体，面对较高的风险，保险公司会控制风险，所以基本上每个保险公司都把乙肝病毒在健康告知中呈现了。

乙肝病毒携带者、小三阳投保，在其他相关检查没有异常情况出现，一般可以正常承保或轻度加费，但甲胎蛋白（AFP）呈阳性，肝功能指标明显增高时可能会延期。

乙肝大三阳购买重疾险非常困难，一般会加费或延期。饮酒会加重乙肝的症状，如果有肝硬化或肝酶严重异常时会拒保。乙肝大三阳的患者也不要灰心，提供过往诊疗记录，附加近期体检报告，也是可以尝试投保的，也有大三阳肝部责任免除，其他承保的情况，在准备充分的情况下，也可以通过经纪人多家投保尝试。

因为不同的保险公司，甚至同一家保险公司在不同的时期，针对同一个体况给出的核保结论可能都是不一样的。也许甲公司是标准体承保，乙公司是加费承保，如果你对核保结论不是很满意，可以多家投保尝试。

保险公司审核后，核保的结果如果是除外责任或加费承保，除外的责任无非就是把乙肝所致的疾病的治疗不赔付，依旧建议购买。因为多数重疾险有身故责任，无论什么原因身故总会赔付，所以如果不幸得了肝硬化、肝癌，这份保险不赔，身故责任还是赔付的。

另外，不是所有乙肝病毒携带者都会发展成与之相关的疾病，也可能患其他系统的疾病，如果失去了其他疾病的保障也是相当可惜的。如果保险公司在责任除外或加费能够承担的条件下，也是可以选择投保的。

（三）脂肪肝核保

脂肪肝是指脂肪代谢异常在肝细胞内堆积所致的疾病，很大原因是随着生活水平提高，体育运动缺乏，高热量饮食摄入，超出了肝脏的代谢能力，造成了脂肪堆积，也有少部分是体形比较偏瘦的人员，因为脂肪代谢紊乱而导致脂肪肝。另外，大量的饮酒会对肝功能造成损伤，使脂肪无法正常代谢，造成酒精性脂肪肝。

脂肪肝分为三个等级：轻度脂肪肝，中度脂肪肝，重度脂肪肝。正常的肝脏组织含有少量脂肪，为肝脏重量的 3% ~ 5%。脂肪量超过 5% 为轻度脂肪肝，超过 10% 为中度脂肪肝，超过 25% 为重度脂肪肝。脂肪肝属可逆性疾病，早期诊断及时治疗可恢复正常，但脂肪肝不积极治疗，也可能会演变为肝炎、肝硬化。

有脂肪肝可以买保险吗？答案是肯定的。但不同严重程度的脂肪肝在投保时所面临的拒保风险是有差异的，因为大多数脂肪肝患者可能同时存在肥胖、高血脂、高血糖、嗜酒等情况，核保人员首先会根据病因来区分不同类型的脂肪肝。

1. 酒精性脂肪肝

如果是长期大量饮酒导致的脂肪肝，保险公司一般延期或拒保，因为嗜酒不仅会影响肝脏，还会导致某些癌症、心脑血管疾病、关节疾病等，危害性非常大，保险公司宁愿不赚这些保费，因为日后理赔的概率较大。

2. 非酒精性脂肪肝

如果是肥胖导致的脂肪肝，要综合考虑血脂、血糖、肝功能等指标。血脂、血糖和肝功能都正常，轻度中度脂肪肝，寿险、重疾险可以标准体承保，一般医疗险也可以标准体承保。血脂、血糖、肝功能等指标有异常，需综合判断风险程度，加费、延期、拒保都有可能。

重度脂肪肝，保险公司一般延期或拒保。但脂肪肝是可逆的，如果被保险人担心加费或拒保，可以通过合理饮食和减肥将脂肪肝控制住，等脂肪肝消除后再进行投保。

（四）血常规核保

血常规是最基本的血液检验，检测的指标很多，但核保主要关注红细胞、血红蛋白、白细胞、血小板的数量和形态。血常规异常可能是小病，如常见的炎症，也可能是大病，如白血病、肺源性心脏病等。

1. 白细胞

白细胞是人体受到细菌或病毒入侵时，上阵杀敌的主要战斗力。白细胞异常可能由感染等引起。白细胞分五类，即中性粒细胞、嗜酸性粒细胞、嗜碱性粒细胞、淋巴细胞和单核细胞。

中性粒细胞：当人体遭遇细菌入侵时，中性粒细胞一马当先，保护人体免受细菌入侵，当体检报告单上显示中性粒细胞数量超过参考值时，可能是身体遭受细菌入侵。

嗜酸性粒细胞与嗜碱性粒细胞：这两个细胞名字相似，它们时常携手合作，共同对抗外来的寄生虫及过敏物质等。

淋巴细胞：中性粒细胞的能力一般只够抵御细菌，一旦病毒入侵人体，还得靠淋巴细胞出马，不同类型的淋巴细胞会分泌抗体和病毒结合达到消灭病毒。当体检报告上出现了淋巴细胞数值超过参考值，可能有病毒在入侵身体。

单核细胞：单核细胞可以对抗多种细菌和病毒感染，身体遭受细菌或病毒感染都可能导致单核细胞数量升高。

总的来说，白细胞升高一般是由细菌感染、炎症、烧伤等引起的。白细胞降低可能是由造血功能障碍引起的。如果数值偏差不是特别严重，核保是不考虑的。如果白细胞增多或减少比较严重，会建议复查，需要进一步明确引起异常的病因。

2. 红细胞

红细胞类似"工蜂"一样的存在，在人体内匆忙地运输氧气和部分二氧化碳。红细胞的存在使人精气十足，看上去面色红润有光泽，当人体红细胞偏低时，看上去像林妹妹般脸色苍白，娇弱无力。因此，很多人将红细胞数量看作贫血的重要指标。

红细胞数目容易受到性别、年龄、运动、海拔等因素影响，需要结合血红蛋白一起判读。在进行血清学检查时，红细胞的数量和血红蛋白的指标不正常，低于正常范围的情况下就判定为贫血。一般情况下，男性血红蛋白正常范围为 120 ～ 160g/L，女性为 110 ～ 150g/L。

贫血分级通常依据血红蛋白浓度或红细胞数量，分为以下四级。

轻度贫血：90 ～ 110g/L。

中度贫血：60 ～ 90g/L。

重度贫血：30 ～ 60g/L。

极重度贫血：≤ 30g/L。

增多：红细胞数、血红蛋白增高，可能是红细胞增多症，可能由吸烟、心脏病、肺部疾病等引起，处于海拔较高的居民，血红蛋白也会偏高一点，造血系统的肿瘤也可能波及红细胞造成红细胞和血红蛋白的增高。

减少：可能患有贫血、失血或白血病等也会出现这些数据偏低。红细胞及血红蛋白减少也有可能是生理性的，孕妇尤其中后期查体时，血红蛋白会有一些轻度贫血，可以认为是生理性的。另外，老年人要比年轻人数值低一些。

核保方面，女性轻度缺铁性贫血一般可以标准体或者加费承保。面对红细胞及血红蛋白的变化，要看到底是由什么因素造成的，偏差值与正常参考范围不是很大一般会直接过，或者再复查一次，看是否恢复到正常，如果恢复到正常了也是直接过；如果偏差过大，需搞清是由什么因素造成的，不清楚原因会延期。

3. 血小板

血小板具有凝血、止血的作用。类似血管里的维修工，四处修修补补。当人体出现出血症状时，血小板会第一时间汇聚到伤口处，和凝血因子一起堵住伤口，减少人体血液流失。如果体内血小板过少，会出现出血。

血小板减少，常见于血小板生成障碍，如再生障碍性贫血、急性白血病等。如果不明确病因，一般会延期。需要注意的是，血检化验单上的参考范围只是一个衡量标准，血液检测的影响因素很多，更多时候血液检测单是作为疾病检测的辅助工具，出现某项血常规数据不符合常规，需要综合情况进一步复查来判定。

（五）尿常规核保

尿液是血液经过肾脏肾小球的过滤，经过肾小管和肾集合管的重吸收，产生的代谢产物。从尿液的形成来说，原材料是血液，血液有了问题，可以从尿液中有所反应，肾脏是人体的过滤器官，肾脏出现问题，滤过出的尿液也可能出现问题。所以通过尿液的检查，可以协助诊断一些泌尿系统的疾病，对于尿常规检查结果，一般核保时会更关注尿红细胞、尿蛋白和尿糖这三项是否正常。

1. 蛋白尿

蛋白尿，顾名思义，是指尿液中蛋白质成分增多，正常情况下，由于肾小球的过滤作用，蛋白质这些大分子是无法通过的，当尿液中蛋白增多到了一定程度会查出尿蛋白。

引起蛋白尿的原因有很多，需根据实际情况判断是疾病引起的还是生理性蛋白尿。生理性蛋白尿，也称为运动性蛋白尿，一般是重度劳动或剧烈运动后，或暂时性蛋白质增加，经过休息很快会消失。或者发热感染，高度精神紧张，受冷或吃了高蛋白食物后也都会出现蛋白尿。病理性蛋白尿一般是肾功能出现问题，常见于肾小球肾炎、肾病综合征等。

蛋白尿一般会安排被保险人复查肾功能和肾脏 B 超，如果病理性蛋白尿，尿检时不仅尿蛋白高，往往还伴有血尿，蛋白尿和肾功能相互影响，蛋白滤出越多肾脏滤过功能越差，肾脏功能越差蛋白尿就越多。

轻微蛋白尿，复查正常，投保医疗险、重疾险、寿险不受影响，但蛋白尿较重者，核保处理需要搞清楚原因，需抽血化验肝肾功能，复查尿检，对于不明原因的蛋白尿，通常会延期拒保。

2. 尿隐血

引起尿隐血的原因很多，一部分属于生理性原因，如剧烈运动后或女性生理周期期间等。一般会安排复查，复查正常，一般可以正常承保。另一部分属于病理性原因，常见于泌尿系统疾病、炎症、结石、肿瘤等，若原因不明，重疾医疗通常予以延期至诊断明确。对于不明原因血尿，寿险会根据严重程度不同，从加费到延期都有可能。

3. 尿糖

正常人尿中有微量葡萄糖。生理原因如大量进食糖、碳水化合物等可出现暂时糖尿。当血糖浓度过高时会导致尿中出现大量葡萄糖，属于血糖增高型糖尿，如糖尿病、甲状腺功能亢进等；尿糖浓度越高，加号越多，或者是血糖浓度正常，肾糖阈值下降导致糖尿，常见于慢性肾炎等。

尿糖投保，核保需要看血糖值，进一步检查空腹血糖，找到尿糖的原因综合判断。

4. 尿白细胞（＋）

白细胞是机体免疫细胞，是与疾病作斗争的战士，如果大量白细胞出现在尿液中，多为泌尿系统炎症感染，常见于膀胱炎、尿道炎等尿路感染。出现白细胞不用过于担心，抗体治疗后一般可以消除，对身体没影响，一般也不会影响核保结果。

5. 尿酮体

正常人尿酮体为阴性，一般为一个"+"，尿酮体阳性常与糖尿病、妊娠、营养不良、慢性疾病有关，可能是空腹检查的原因，核保时需要综合其他指标来看，在没有尿糖或高血糖的情况下，常常是由于脱水引起的，对核保影响不大。

（六）甲状腺结节核保

甲状腺结节已经成为保险公司核保人员日常评估最常见的健康风险之一。甲状腺结节在早期还没有表现出良恶，保险公司在没办法判断的情况下，通常会给予一刀切，基本上除外甲状腺责任，但底层的逻辑是什么呢？

首先我们要了解甲状腺，甲状腺位于颈部喉结下方，分布于左右两侧，是人体最大的内分泌腺，通过分泌甲状腺激素，从而促进生长和发育，形似蝴蝶，看起来像盾甲，所以称为甲状腺。甲状腺结节是指在甲状腺内的肿块，随着吞咽动作上下移动。甲状腺结节有单发结节和多发结节，多发结节要比单发结节发病率高，单发结节甲状腺癌的发生率高。

甲状腺癌较多发生于青壮年，据研究表明，甲状腺癌在恶性肿瘤排行榜中排第7位。在保险公司的重疾理赔排行榜中，甲状腺高居榜首。女性患甲状腺癌的数量是男性的3倍。

保险公司如何判断甲状腺结节良恶，如何核保？

核保结论其实是通过各种检查判断甲状腺结节良恶的可能。85% ~ 95%的甲状腺结节是良性结节，最常见的检查方式是甲状腺功能检查、甲状腺超声检查（B超、彩超）。

超声报告描述如何看？超声描述：回声、大小和数目、边界和形态，血流信号，钙化等。结节内部回声，甲状腺B超中对于结节的回声描述为有无回声、高回声、等回声、低回声、极低回声，对应的风险也是依次增加，常见的超声是以等回声最多见。无回声、高回声、等回声大多提示良性结节，低回声有恶性可能，极低回声怀疑恶性，极低回声的比较少，极低回声是恶性程度比较高的一个表现，通常会延期至明确诊断。同时，在甲状腺B超中有一个后方回声的描述可能出现增强、减弱、无变化等情况，结节后方回声增强多见于甲状腺良性疾病，结节内的钙化或恶性结节可引起结节后方回声减弱。

所以，对于后方出现的回升减弱的描述往往谨慎考虑，甚至是做出拒保延期的结论。甲状腺结节的大小并不能直接决定其良恶，但结节大，恶性概率会增加，在不考虑其他因素的情况下，有的保险公司对于1~2厘米的结节会直接予以延期，考虑恶性可能性会比较大，需要延期或者是明确诊断再来投保。对于甲状腺结节数目而言，分为单发和多发，单发的甲状腺结节常见于甲状腺腺瘤、甲状腺恶性肿瘤，多发结节常见于结节性甲状腺肿。研究表明，恶性结节单发为主，良性结节多发为主。

同时，要注意甲状腺结节的一个纵横比，这也是超声检查中一个重要的指标。若结节为竖着长，纵横比大于1，提示恶性的可能性比较大，如果结节为横着长，纵横比小于1，提示恶性可能性会小。再来看结节边界与形态结节形态，可分为类圆形、椭圆形及不规则形。甲状腺良性结节一般边界清楚，表现为椭圆形或类圆形；恶性结节因为对周围组织有浸润侵袭，边界大多不清楚，形态不规则往往会提示结节比较活跃，细胞有外向活动的趋势，这也是临床判断肿瘤性质非常关键的一个指标和描述，与结节大小相比边界不清或形态不规则的结节是恶性的可能性会更高。若存在这种边界不清的情况，医疗险和重疾险会延期观察。

结节的内部结构，可分为实性结节、囊性结节、囊实混合性结节。囊性和囊实混合性结节大多为良性，实质性结节常见于甲状腺良恶性病灶，需要结合其他 B 超描述进行判断。血流信号，分为外部和内部血流。甲状腺结节为恶性时，需要大量的营养物质，通常表现为内部血流信号丰富、紊乱，多由结节周边向内部穿入，被视为恶性的信号，B 超描述提示点状血流的时候，也视为一个不利因素。

在包块里血流信号丰富的描述一般是不好的表现，所以 B 超显示内部血流丰富，点状血流信号，重疾一般都会延期。钙化超声影像中甲状腺结节钙化灶的大小及形态，可分为以下三种情况。微小钙化：指沙砾样、颗粒样、针尖样、点状直径小于等于 2 毫米的钙化点。粗大钙化：伴有声影的强回声光团及斑片、斑点状、弧形或其他不规则的强回声光团，直径在 2 毫米以上。边缘环状钙化：指蛋壳样钙化或外周曲线型钙化。一般而言，粗大钙化良性的可能性大，但近年也有很多 B 超提示粗大钙化的结节最终诊断为恶性。微小、针状沙砾样钙化，通常会被视作一个危险的信号，则要提高警惕排除恶性可能。从核保的角度来看，发现钙化灶特别是微小钙化灶，医疗险、重疾一般延期或拒保。

另外，甲状腺结节的 B 超报告上一般有 TI-RADS 分级。

1 级，正常的甲状腺，无结节或手术全切的甲状腺复查，一般重疾标准体。

2 级，典型而明确的良性结节，以囊性为主的结节，需要看 B 超描述，个别保险公司会标准体，大概率会除外。

3 级，不太典型的良性结节，如表现复杂的结节性甲状腺肿，恶性风险小于 5%，一般会除外或延期。

4 级以上，性质不明的可疑结节，恶性风险为 5% ~ 85%。一般会延期。根据恶性征象多少又分为 4a、4b、4c。

4a，具备至少一项恶性超声征象，恶性风险为 5% ~ 10%；

4b，具备至少两项恶性超声征象，恶性风险为 10% ~ 80%；

4c，具备多于两项恶性超声征象，恶性风险为 > 80%。

5 级以上，恶性风险为 85% ~ 100%。拒保，结合超声报告，甲状腺功能检查如果有异常的话，需要延期至明确诊断，像甲状腺功能减退症、甲状腺功能亢进症、甲状腺炎引起的这种甲状腺功能异常，通常是需要延期治疗，连续 6 个月稳定了，提供复查报告才能进行评估。

现阶段对甲状腺结节良恶评判需要做病理检查才能明确，精确评估甲状腺结节的方法是细胞穿刺。结合甲状腺彩超的结论、描述、时间、甲状腺功能七项或五项的检查，分级只能是判断可能是良性或恶性。

另外，甲状腺结节也可能会消失，没有恶性倾向建议每 6 个月到一年复查一次。甲状腺结节的发病原因可能跟遗传、碘缺乏、化学物质刺激、内分泌都有关，在没有专科医生指导建议下，不建议自行调控，可能引发其他甲状腺的疾病。

（七）甲亢、甲减的核保

1. 甲亢和甲减

甲状腺是一个蝴蝶形的小器官，在气管前方，是人体最大的内分泌腺体，它是身体代谢的主要调整者，是身体的发动机。甲状腺激素促进生长和发育，促进代谢，加强心脏功能。分泌异常，就会导致疾病。

甲状腺功能亢进症（简称甲亢）：甲状腺激素分泌过多导致的内分泌疾病，患者以女性多见，发病率很高。甲状腺功能减退症（简称甲减）：甲状腺激素合成及分泌减少，导致机体代谢降低的一种疾病。

2. 如何检查甲亢和甲减

要筛查甲亢和甲减，一般可以通过验血来查看甲状腺功能指标，常用的甲状腺功能五项如下。

TSH：促甲状腺激素；

FT3：游离三碘甲状原氨酸；

FT4：游离甲状腺素；

T3：血清三碘甲状原氨酸；

T4：甲状腺素。

理想的情况下，甲状腺激素不多不少，维持在一个均衡的状态。

FT3、FT4 属于 T3、T4 的生理活性形成，比 T3、T4 更具有灵敏度，是目前诊断甲亢、甲减最准确的化验指标。

3. 甲亢和甲减的常见症状

甲亢和甲减很容易混淆，甲亢药物服用过多，也会导致甲减。所以在一些患者身上，常常会有相互交叉的表现。甲亢的症状更倾向于"阳"性特征，表现亢奋，甲减更倾向于"阴"性特征，表现消沉。甲减的表现，特别容易累，使不上劲，记忆力减退，反应迟钝，嗜睡，怕冷，胖了，脖子好像有点粗，如果被上述大部分命中，可能是得了甲减。

压力大，容易甲减。排除掉先天性因素，甲减的可能诱导因素，一是缺碘，二是长期压力大。甲减是内分泌系统疾病，压力大会严重影响神经中枢系统，中枢系统又会刺激甲状腺体，就容易导致甲减。

女性，更容易甲减。在人群中，每 6 个女性就会有一个可能患上甲减。其中 35 岁以上的女性群体，是甲减的高危人群。特别是妊娠期的女性，激素水平异常，更容易患病。因为甲减症状跟孕期反应很像，容易被忽视，不及时诊治，极有可能导致胎儿流产、早产，甚至会使宝宝智力低下。

甲减在早期是可以控制的。如果控制不好，甲状腺功能无法恢复，造成永久性甲减，将面临终身服药，这种病不是重病，但一定要仔细对待。由于是内分泌系统的长期病症，在买保险上，虽不至于拒保，但要正常承保，也不容易。

4. 保险公司如何审核甲亢和甲减

大家对于甲亢、甲减都有一定程度的认识，无论是甲亢还是甲减，在购买保险的时候，核保都关注既往的就诊情况、目前甲状腺功能的控制情况以及有无相关并发症。

甲亢的核保：甲亢的治疗方法主要包括两类，药物治疗易复发，效果一般。放射碘和手术治疗，能根治，效果好。即使是甲亢已经得到控制，不同的治疗手段也会影响最终的核保结论。

对甲亢来说，大致的核保要求：需近半年甲状腺功能持续正常，不得有突眼或心慌、诊断为毒性甲状腺肿，部分产品要求不得有其他甲状腺症状（甲状腺肿、甲状腺结节、甲状腺腺瘤、垂体瘤）。

已经采取了积极的治疗，而且目前甲状腺功能持续正常，寿险和重疾险有可能标准体，医疗险大概率除外。如果控制欠佳或还在治疗中，重疾会延期观察。如果已经出现并发症，情况就会更加复杂，需要综合考虑。

甲减的核保：甲减相对于甲亢，对人体的影响更加广泛，下面按不同年龄段分析。

婴幼儿：导致身材矮小、智力低下，呆小症。

成年人：易导致不孕育，易流产、早产。

老年人：损害心血管、精神系统，表现为动脉硬化、老年痴呆等。

甲减的核保比甲亢更复杂，甲减需要终身治疗，风险点也较多，审核尺度也比甲亢更严格。近6个月甲状腺功能持续正常（T3/T4/FT3/FT4/TSH）或稳定一年，无论是甲亢还是甲减，如果恢复良好并且控制稳定，可以正常投保重疾险。

投保时，需要提交以下资料：

就诊资料：判断何时治疗，有无其他疾病导致的甲状腺功能异常，采取了什么治疗方式；复查资料：目前症状如何，甲状腺功能是否异常，是否持续服药，有无其他并发症等。

甲亢、甲减对身体的影响可大可小。如果提供的资料不全，是没有办法辨别风险程度的，核保人员可能会直接下延期结论，或者可以先到医院检查清楚。

5. 投保顺序

四大险种中，甲减的投保注意事项如下。

意外险：正常承保。

定期寿险：定期寿险的健康告知普遍宽松，大部分产品都不涉及告知，稍加筛选就可以选到合适产品，如大麦定期寿险等。

医疗险：医疗险核保相对严格，对甲减，大部分百万医疗会拒保。也有医疗险除外承保：如健康告知不直接涉及"甲减"，对应的只有"连续30天服药"；如果仅确诊，没有住院或长期服药，可以直接投保，如果长期服药，满足部分情况，除外甲状腺承保。有的医疗险甲状腺功能T3/T4正常，可以正常承保，投保前已经存在的疾病免责，相当于甲减本身除外。

重疾险：病况稳定、甲状腺功能控制在正常范围内，重疾险有机会正常承保。另外，投保时可按照意外险、定期寿险、重疾险和医疗险的顺序来配置，很多公司的健康告知会询问，在两年内是否被其他产品拒保、延期或条件承保。医疗险最好的投保结果是除外，如果医疗放在前面投，很有可能影响后面其他产品的投保，有可能被条件承保的保险，放在最后买。

（八）乳腺结节核保

乳腺结节见于各种乳腺疾病，背后隐藏的疾病有可能是乳腺增生、乳腺囊肿、乳腺纤维腺瘤、乳腺导管扩张症、乳腺癌等，临床上乳腺结节良性的为多，只有少数是恶性肿瘤。

乳腺结节良性特征主要体现为：单侧或者多发性结节，轮廓清晰、活动性好、与皮肤无粘连、生长速度慢；部分结节伴有周期性胀痛或者触痛，可于月经前期发生或加重，月经后减轻或消失。

乳腺结节恶性特征主要体现为：单侧单发结节多见，边界不清、活动性差、质硬、常与皮肤粘连、生长速度快、无明显胀痛或触痛；部分结节伴有乳头溢液、乳头内陷。

常见的三类乳腺问题：乳腺增生、乳腺纤维腺瘤和乳腺结节。

乳腺增生：乳腺增生症是乳腺组织的增生（增厚），与内分泌功能紊乱有关；增生既不是肿瘤，也不是炎症。职业女性多数有不同程度的乳腺增生。

投保影响：乳腺增生和乳腺小叶增生基本上都可以标准体承保，不会影响投保重疾险，健康告知一般也可以顺利通过智能核保。医疗险的核保会相对严格一些，有可能除外承保，一般都可以正常承保。

乳腺纤维腺瘤：乳腺纤维腺瘤是常见的乳腺良性肿瘤，一般是内分泌失调引起，乳腺纤维腺瘤恶化或者致癌的概率很低，不过纤维瘤不会自己消失，也没办法通过药物治疗，只能通过手术根除。其他良性肿瘤包括乳腺导管内乳头状瘤、分叶状肿瘤、错构瘤、导管腺瘤。

投保影响：虽然它的癌变概率很低，但是对于保险公司来说，如果没有经过手术切除，或者经过病理检测，纤维瘤的性质是没有被100%确认的，仍然可能有癌变的风险。

所以很多产品的核保条件，会要求投保人已经进行过手术切除，且6个月或1年以上复查没问题，一般可以标准承保，即使不要求手术，至少也要结合各方面的乳腺检查，确认纤维瘤的大小和性质、分级等。

乳腺结节：乳腺结节严格来说不是一种病，而是一种影像状态，指的是病灶的大小，而不是病灶的性质，结节是良性还是恶性，通常需要穿刺活检或手术切除之后做病理检查才能确诊。

乳腺结节是一种体积较小的乳腺肿块，乳腺增生（形成肿块的话）、良性肿瘤、恶性肿瘤在影像检查时都可表现为乳腺结节，比如前文讲的乳腺纤维腺瘤，其实也属于广义上的结节。投保人检查有乳腺结节，如果不去做分级检查，直接投保，通常都是直接除外承保的，医生一般会结合看到的影像对结节的性质作个初步判断，并用BI-RADS分级水平来表示。

0级：指采用超声检查不能全面评价病变，需要进一步其他影像学检查诊断。

1级：阴性结果，未发现异常病变，亦正常乳腺。

2级：良性病变，可基本排除恶性，定期复查即可。

3级：大概率为良性病变，建议3～6月随访,3级病变恶性率一般小于2%；

4级：可以恶性病变，恶性率为2%～95%。

4a级：需要活检，但恶性率较低（3%～30%），如活检良性结果可以信赖，可以转为半年随访。

4b 级：倾向于恶性，恶性率可能在 31% ~ 60%。

4c 级：进一步疑为恶性，可能性为 61% ~ 94%。

5 级：高度可能恶性，几乎可以肯定，恶性可能性大于 95%。

6 级：已经活检证实为恶性。

乳腺结节核保：因为结节是一种状态不反映性质（良性或恶性），所以在投保时，往往会受到限制。

重疾险：1 类结节正常承保，2 类结节部分通常除外，如果结节很小且无恶性特征，或结节长期无增大，个别公司还有机会正常承保。3 类结节通常除外责任，4 ~ 5 类结节通常延期，如果有穿刺活检报告且未见恶性病变、术后证实为良性的，可正常承保。

医疗险：1 ~ 3 类结节通常除外承保。4 ~ 5 类结节通常延期，如果有穿刺活检报告且未见恶性病变，个别公司有机会除外承保。乳腺结节投保医疗险，一般会要求进一步确诊为良性，或者手术切除后恢复良好，才能投保。

寿险：1 ~ 3 类结节通常正常承保。4 ~ 5 类结节通常延期，如果有穿刺活检报告且未见恶性病变，个别公司有机会加费承保或正常承保，术后证实为良性的，可正常承保。

检查有乳腺结节，也不要过分担心，平时定期体检，定期复查是非常必要的。

（九）肺结节核保

肺结节是肺部影像检查发现的类圆形、密度增高的肺部阴影。造成肺结节的原因很多，可能是炎症修复后引起的瘢痕组织；也可能是炎性假瘤、肺部感染、结核、真菌感染等诸多原因造成的结节；还可能是因为长期抽烟或空气污染，以及长期吸入有害粉尘导致粉尘沉积引起的肺小结节；可能是一些良性肿瘤，如不典型腺瘤增生；可能是肺癌早期的病变。

1.肺结节体检报告怎么看

肺结节需要综合考虑结节的密度、大小以及形态等，一般 90% 以上的结节是良性的。看 CT 报告需要结合内部特征和外观形态综合判断。

内部特征：密度。密度均匀，尤其是直径 < 5 毫米常提示不典型腺瘤样增生；密度不均匀，实性成分超过 50% 常提示恶性可能性大；密度高则恶性概率大，密度低则恶性概率低，当然也需要结合结节大小及其形态变化综合判断。

肺小结节按照密度分为实性结节和磨玻璃结节，磨玻璃结节又包括纯磨玻璃结节和混合磨玻璃结节。磨玻璃结节指肺内密度轻微增加，呈模糊的云雾状，但仍能通过病灶看到其内部血管和支气管纹理，就好像透过磨玻璃观察一样。

实性结节，磨玻璃可以很透明，也可以不那么透明，如果结节的密度很高，完全不透明了，看不到后面的肺纹理，就变成实性结节。实性结节是指肺内圆形或类圆形高密度阴影，在 CT 下呈现白色的影子，足以掩盖血管和支气管，实性结节的良恶性较难鉴别，有时候很难光凭一张 CT 来判断，医生需要充分了解患者的既往病史，比如是否有过肺结核、肺炎、其他肿瘤性疾病等。

混合磨玻璃结节，既然有磨玻璃结节和实性结节，那处在中间的，就是第三种——混合磨玻璃结节，在 CT 图像上表现为磨玻璃和实性结节的混合，既有磨玻璃阴影，又有实性成分。

这 3 种结节既可能是良性的，也可能是恶性的，最容易是恶性的是混合磨玻璃结节。恶性风险程度实性结节小于磨玻璃结节。

外观形态：结节本身的危险因素主要有大小、形态、边缘、钙化、实质性和毛玻璃样成分比例、增长速度、空气支气管症等，其中结节大小和形态是预测结节恶性程度的主要风险。

结节大小：如果实性结节大小超过 1.5 厘米，或者部分实性结节大小超过 8 毫米，其恶性的概率性较高。

一般来讲，直径小于 5 毫米的肺结节恶性概率低于 1%，超过 2 厘米的肺结节恶性概率达 64% ~ 82%，那些在定期复查中不断增大的结节要特别警惕。结节大小是恶性肿瘤的独立预测因素，结节越大，恶性肿瘤的风险越高。肺结节大小的变化也是预测恶性肿瘤的重要指标。

结节位置：恶性肿瘤常好发于右上肺。

结节形态：结节长得越古怪，恶性可能越大。

良性结节：多角形、扁平的形状，边缘光滑、清晰。恶性特征：球形、分叶、不规则的形状。结节边缘不光滑，周围出现螃蟹脚一样的"毛刺征"，或有好多圆形边界的"分叶征"，需要警惕。

结节边缘：恶性多呈分叶状或有毛刺征，良性多数无分叶，边缘可有尖角或纤维条索，胸膜增厚等征象则常提示结节为良性。

钙化良性：钙化模式是分散性、叠层或爆米花钙化，钙化常见于肉芽肿性疾病和错构瘤等，一般出现钙化往往偏向良性。生长情况定期随访是定性肺结节良恶性的最佳手段；如果在定期复查时，发现结节逐渐增大或密度增高或磨玻璃结节中实性成分增多，需要分外警惕。

若定期观察发现，结节一直没有明显变化，通常是良性结节。空气支气管征良性病变：支气管结构完整、没有破坏，其内壁光滑，因而管腔多为正常形态。恶性病变：支气管一方面受到侵犯，导致管腔狭窄、截断、内壁不光滑、管壁增厚僵硬等。

增殖灶一般是肺内良性的结节，多数是由于既往发生过肺部炎症，待感染灶好转吸收后所遗留下来的瘢痕。就好比皮肤破损后愈合的伤疤一样，一般不需要担心。

2.肺结节投保有影响吗

目前线上产品对肺结节、肺部异常密度影、磨玻璃影、胸膜结节一般拒保。

已经手术：通过活检或病理确诊为良性的，术后痊愈超过 2 年且无并发症，承保的机会大一点。

没有手术：需提供历年的检查报告，核保需要查看肺结节大小的变化以及病情是否趋于稳定，一般需要近期的复查报告，肺结节 1 年且结节变化不大的情况下，可能除外承保，近期无复查直接投保通常会延期或者下体检去检查。也有保险公司对于肺结节直接拒保，需要结合体检报告综合判断。

（十）高尿酸和痛风投保

高尿酸血症和痛风是嘌呤代谢紊乱导致的血清尿酸增加引起组织损伤的一组疾病。尿酸是嘌呤代谢的终产物，肝是尿酸的主要生成场所，除小部分尿酸可以在肝脏进一步分解或随胆汁排泄外，剩余的均从肾排泄。

血清尿酸增高主要见于痛风，少数痛风患者在痛风发作时血清尿酸测定正常，血清尿酸增高无痛风发作者为高尿酸血症。

1.什么是高尿酸血症

了解尿酸，我们不得不提的是嘌呤，嘌呤是我们人体衰老死亡的细胞释放出来的一种物质，嘌呤经过肝脏酶的代谢生成尿酸，尿酸是嘌呤的产物，正常情况下，一定浓度的尿酸在血液中生成和排出，处于一种平衡的状态。

一旦嘌呤代谢紊乱会导致尿酸产生过多，尿酸产出过多，或尿酸排出减少，就会引起体内高尿酸，男性如果大于 420，女性大于 360 即为高尿酸，这也被人们称为继高血压、高血糖、高血脂之后的第四高。

高尿酸血症同痛风关系较密切，痛风最重要的一个特点就是高尿酸血症，但仅有高尿酸血症并不是痛风，痛风还有尿酸盐结晶沉积在关节、肾脏等部位，引起反复发作性的炎症，大概 10% 的高尿酸血症会发展为痛风。并且高尿酸人群发病情况逐年增高，也越来越年轻化。据估计，我国尿酸值过高的人群超过 1.7 亿，痛风患者超过 8000 万，而且正以每年 9.7% 的年增长率迅速增加。

高尿酸常见于以下几种人群：一是饮食不规律的人群。男性居多，男性应酬多、喝酒多，高嘌呤的食物摄入过多，会导致尿酸增高。二是肥胖的人群。肥胖的人本身代谢慢，体内存留代谢产物多，会造成高尿酸。三是中老年人群。中老年人本身尿酸偏高，还有一些是药物性的副作用，像糖尿病患者吃的降糖药会导致尿酸排泄减少，增加了尿酸在体内储留，这也会造成高尿酸诱发痛风的发生。另外，作息紊乱也会造成代谢的废物增多，干扰尿酸的排出。

2. 高尿酸血症只会引起痛风?

高尿酸血症是代谢类疾病，尿酸盐结晶会沉积在关节部位造成痛风性关节炎，严重可致关节畸形。但它不只引起痛风，还对全身器官都有很大的损害。当血液中尿酸比值一直偏高会对我们整个血液循环造成影响，引发心脑血管问题，长期血液尿酸浓度过高，会使高血压的患病率增加 80%。

另外，血液中高浓度尿酸要通过肾脏过滤，长期高尿酸的浓度环境，慢慢会腐蚀伤害我们的肾脏，尿酸盐结晶沉淀于肾脏组织，引起肾炎，肾功能受损，严重的可导致急性肾衰竭、尿路结石等，这也提示我们要重视高尿酸的情况。

3. 光靠饮食不能降尿酸

有许多尿酸高患者，每当尿酸高时，首先想到的就是要控制饮食，控制吃海鲜、戒酒等，但是实际上光靠饮食管理尿酸是不够的。因为人体内的尿酸只有20%是外来食物分解的，还有80%是体内细胞衰老死亡的正常代谢引起的，所以只靠饮食是不够的，需要用药物来调整，改善体内代谢能力。

4. 尿酸高、痛风核保

尿酸高：尿酸高如果无任何症状，这种一般寿险、重疾标准体。有数据表明约10%的高尿酸血症会发生痛风导致住院，高尿酸投保医疗险可能会除外高尿酸血症、痛风。

如果痛风了，主要看发作的次数、病情的控制情况、有无并发症等。偶尔发作不伴有痛风性关节炎等并发症，重疾及寿险可正常承保，医疗险除外；频繁发作、伴有痛风性关节炎或高血压、肾结石等并发症，重疾及寿险需加费或拒保，医疗险会拒保，这就需要结合检查报告审核。

（十一）心电图核保

心电图是利用心电图机从体表记录心脏每一心动周期产生电活动变化的曲线图形。很多人看到体检报告上窦性心律不齐、T波异常会紧张，觉得是不是很严重，其实不尽然，需要看具体情况，下面和大家一起梳理一下常见的心电图异常及投保结果。

窦性心律失常，包括窦性心律不齐，窦性心动过速或过缓。

窦性心律不齐：首先窦性心律是正常的，非窦性是有问题的，人们正常的心脏搏动来源于心脏右心房上一个叫"窦房结"的特殊小结节，从这里启动的正常心跳都称为"窦性心律"。

窦性心律不齐的特点是心跳快慢不规则，分为生理性和病理性两种，前者常见于健康人在过度劳累、情绪激动、大量吸烟和饮酒等，后者可见于各种器质性心脏病，如心肌炎、心肌病等。

轻度心律失常一般没有明显临床症状，严重心律失常则会引起心悸、胸闷、头晕，甚至出现晕厥。出现这种情况，一般先由医生判断是病理性还是生理性，生理性的大可放心，通过良好、规律的生活习惯，比如减压、改善睡眠等就能改善；病理性需要配合医生检查和治疗。单纯的窦性心律不齐投保是可以标准体承保的。

窦性心动过速或过缓。

一般正常人心率在每分钟 60～100 次，心动过速就是心跳过快，当心率超过 100 次／分，即为窦性心动过速。

症状是明显的心慌，需要看是否参加了体力活动或情绪激动。若出现不明原因的窦性心动过速，很可能是心脏疾病，投保时需要了解病因和具体数值，无法确定病因，医疗险延期，心率超过 110 次／分以上，重疾一般会加费。

心率低于 60 次／分为窦性心动过缓，也就是心跳过慢。经常体育锻炼和从事强体力劳动的人群心率会低，在某些疾病、某些药物的影响下也会造成窦性心动过缓，轻度的心动过缓不会影响健康，若心率低于 50 次／分则属于严重心动过缓，需要注意。

窦性心动过缓，大于 50 次／分小于 60 次／分，一般标准体承保，小于 50 次／分，通常延期。持续窦性心动过缓小于 50 次／分可能导致病态窦性结综合征，投保时一般是拒保。

ST-T 波改变。

ST-T 波改变一般是诊断心绞痛、心肌缺血的重要指标，心电图呈现 ST-T 改变，大致有三个原因：心肌缺血（心脏供血问题）、心脏器质性病变、生理性改变。核保人员看到心电图 ST-T 改变，需要判断是哪个原因造成的，通常的方式就是复查心脏彩超和心电图。

心脏彩超可以看心脏各个组成结构是否存在问题，可排除心脏器质性病变，如心肌炎、心肌病、瓣膜病等都会引起心脏器质性病变。生理性改变，常见于运动后、过度紧张、熬夜疲劳等情况下，这类情况一般在平稳的状态下再复查心电图很可能是正常的。若心脏彩超、心电图复查结果为正常，即可排除心脏器质性病变、生理性改变，但仍需要考虑是不是心肌缺血造成。

判断是否心肌缺血，需要结合 ST-T 改变的程度、年龄，是否存在血糖、血压、血脂等异常，是否存在不适症状。如果被保险人 ST-T 改变程度低，年纪轻，无三高和不适症状，那基本上重疾险、医疗险是可以考虑标准体承保的。若上述存在不同程度的异常，视具体情况，重疾险可能加费、延期或拒保，医疗险一般拒保处理。

传导异常——房室传导阻滞。

心脏电激动传导过程中，传导阻滞是指心电从窦房结出来后，在传导进程中遇到了阻碍，分为右束支传导阻滞和左束支传导阻滞。右束支传导阻滞在一般无器质性心脏病的人群中甚为多见，通常可以标准体投保；左束支阻滞极少见于健康人，大多数患有器质性心脏病，通常加费或拒保。

心脏早搏的核保。

心脏早搏是心脏异位起搏点提前出现的搏动，即心脏过早搏动。心脏早搏分为室性早搏和房性早搏。房性早搏通常无须治疗，一般标准体承保。室性早搏是常见的心律失常，正常人与心脏病患者均可能发生室性早搏，发生率随着年龄的增长而增长，比如高血压、冠心病、心肌病、风湿性心脏病患者往往容易出现。

室性早搏的风险可能较高，在诊断和治疗方面也更为谨慎，保险公司对室性早搏都比较介意。室性早搏投保，确认无心脏疾病可承保，通常根据情况加费甚至拒保，如果还伴有 T 波改变的情况，一般会拒保。

总的来说，心电图是一个横断面检查，看到的是某一个节点、某一个时段心脏的心电活动表现。反映心电活动的一角，未必是心脏器质性问题，但也不排除相关疾病的可能性，一般心电图检查异常后，医生会建议到心血管专科进一步检查治疗。

第五课 家庭财富风险管理

一、教育金，专属于孩子的成长账户

子女教育是父母最关心和关注的问题，未来孩子的教育支出是不确定的，很多家长在自己年轻时提前规划和准备，孩子未来需要这笔资金时可以灵活取出。

（一）教育金是未来的一笔刚性支出

孩子到了一定年龄便需要完成相应学业，教育支出是固定时间的刚性支出，没有时间弹性，也没法提前或推迟。如果这个时间没有作好准备，过了这个时间也没有办法补偿，学费不可以议价或者打折扣，提前做好教育储备，孩子在接受教育的节点有更多的选择权。

一般孩子上大学工作结婚时，家长的年龄在 45 岁以上，教育的支出和养老金准备期高度重合。教育金需要提前准备，否则可能影响未来退休生活的养老品质，并且那时候不仅家长体况下降，赚钱能力也远不如现在。

（二）教育金需避免市场投资风险

理财有多种渠道，如房产投资、炒股、理财、基金等，投资跟随市场经济周期，会有亏损、盈利和波动。部分家庭通过投资房产的方式为家庭资产保值，但房产现阶段流动性较差，而教育金需求没有时间弹性，房产在需要时能否及时变现是一个潜在风险，教育金需要是现金，如果不能在需要的时候及时变现资产，不能称为教育金。

（三）教育金专户封闭性管理

对于普通家庭来说，家庭日常支出有很多项，如果教育金跟家庭其他资产混同，很容易在买车、买房、清偿债务等情况下挪用本该给孩子准备的教育金。年金一般至少有 5 ~ 10 年锁定期，前期活期领取会有损失，一定程度上可以让这笔钱不受外界影响，需要在设定的年龄定额领取，可以有效地避免提前领取，或因投资风险等影响子女教育的储备。

（四）什么是教育年金

通过保险准备的教育金，通俗地理解是储蓄型年金险或增额终身寿险。

年金险产品可以实现定期返还，市场上有多种年金险，对应也有多种领取方式，有的年金险领取时间是投保 5 年后，有的领取时间是投保 10 年后、15 年后、20 年后或被保险人 18 岁、55 岁、60 岁等。

不同功用的年金险，交钱、领钱的方式不一样，如一款年金，投保时设定的领取年龄是 55 岁或 60 岁，约定退休后开始领取，提供与生命等长的现金流，是养老年金。如果给孩子储备学费，从孩子上学年龄时开始领钱，或从被保险人 18 岁开始领钱，匹配大学学费的支出，是教育年金。

笔者从不同人群存教育金的考虑，来讲解教育年金的价值。

1. 给孙女提供一份终身的工资

唐女士 50 多岁，有一个三岁的孙女，唐女士对孙女疼爱有加，给孙女规划了一份教育年金，从孩子 18 岁开始年金每年返还 31600 元，每月领 2600 元左右，存的本金一直在账户里。

理财工具有很多种，唐女士觉得这份年金最大的价值是孙女从 18 岁成人开始，每月领几千元，领一辈子。每月逛逛街，买身好看的衣服，旅旅游，满足基础生活支出，基本支出外靠孙女自己努力工作打拼。类似于给孩子准备了一份终身的工资，未来每月领的金额跟随起初存的金额定，终身的现金流让孩子以后的生活相对从容一点。

等孙女长大，孩子爸妈都没法照顾孩子一辈子，何况奶奶，但年金可以陪伴孩子走一生，守护她未来的每个月，孙女也能感受到奶奶对她的爱。

2. 培养孩子的财商意识

史先生经营企业多年，今年 40 多岁，女儿 3 岁，他给女儿存了一份年金，女儿从 18 岁开始每年领 4.8 万元，每月领 4000 元。

他说，就像给女儿存了一份成人礼，18 岁时开始每月固定领取，女儿没有太多生存压力，可以拿出更多时间做她想做的事、喜欢的事，在刚工作时没有太大的经济压力和负担，适应社会时心态相对从容一点。

企业经营有周期有波动，孩子的教育金是安全确定的钱，未来不会因为各种不确定因素影响到孩子的生活，其他投资渠道赚了，锦上添花，其他投资渠道亏了，也无伤大雅。

孩子未来长大成人，如果将来有一笔钱给到孩子，现金或转账，交易一次钱就全部过去了，未来她怎么花，能花多久，会不会挥霍，大人不知道。年金返还的现金流，让一笔钱分期给到孩子，孩子每月领钱，一年 12 次，50 年 600 次，70 年领 840 次，发挥一笔钱最大的保护价值，孩子也能感受到家人在她未来每个月里的守护。

还有很重要的一方面，给孩子规划年金的过程，也是在培养孩子管理财富的财商，对财富有概念，理性地去理解钱的价值和钱的工具性，让财富更好地服务自己未来的生活。

3. 不断增值的小金库

王先生通过增额终身寿险每年给孩子储蓄，增额终身寿险虽然名字是寿险，但是账户每年保额递增对应账户现金价值递增，有储蓄性质，需要时可以减保取一笔，不需要时继续在账户里增值，类似不断长大的小金库。

过去四五年他每年给孩子存增额终身寿险保单，有三年期的，有五年期的，有十年期的，其间有一次我问他，目前给孩子存了七八份年金，孩子长大后的教育金应该比较充足了吧。

他说，也没有那么充足，如果他考上一线城市的大学，毕业后在一线城市有更好的工作机会，并想在一线城市落户，那么希望存下的钱和增值的部分能让他有更多的选择。

虽说是教育金，读书能用上就用了，用不上就工作的时候用，工作也用不上那就结婚的时候用，结婚用不上，作为我们的养老金也是不错的。

的确，教育金其实是对孩子的一种祝愿，希望能帮他们实现梦想，孩子的资质如果达到更高的水平，优质的教育资源需要资金的支撑，他可以不需要，但不能因为准备不足而让孩子在教育和选择上放弃。

4. 通过存教育金强制储蓄

刚生完宝宝的王女士给孩子存了一份教育金，她说自己一直是月光族，存教育金可以帮她每年强制储蓄，工作前些年赚多少就花多少，根本存不下钱。年金可以约束她的花费，如果不强制储蓄，可能再过 5 年或 10 年还是很难攒下钱，借助年金可以每月攒下 1000 多元，每年攒下 2 万元，存 10 年，积少成多。

当下各种消费带动让我们很难抵抗消费的吸引，时常当月收入等于当月开支，但我们需要支付的不仅是当下的开支，还有未来的刚性开支，如我们的养老、孩子的教育等。对于大部分人来说，随着年纪的增长，创造财富的能力会下降，提前储备教育金，解决孩子未来的刚性支出，不仅把钱攒下了，也把未来的压力提前承担了。

教育金的规划，让我想起《寻梦环游记》里的一句台词，死亡不是生命的终点，遗忘才是，真正的死亡是世界上再没有一个人记得你。每个人有三次死亡，一次是生理学角度肉体的死亡，一次是各种户口簿手续的注销社会角色的死亡，真正的消亡是记忆的抹除，再也没有人记得。教育金可以帮我们陪伴孩子走一生。

（五）教育金是一种长期性的投入

但教育金是一种长期的投入，应该在不影响家庭正常运转的情况下投入，综合考虑家庭经济、财产收益等情况。如有的家庭做生意，每年盈利不确定，但目前有一大笔结余，可以选择一次性交清或分三年存。有些家庭工薪阶层，收入稳定，可以选择通过用5年存、10年存的方式蚂蚁搬家一样把钱储备起来。

而对财富的管理和规划，也是通过综合的配置，使资产的流动性、收益性、安全性更合理，照顾到人生的各个阶段，实现长期的收支平衡。

二、养老金，应对长寿风险

（一）什么是养老年金

养老年金是我们年轻时投入的一笔钱，可以在 55 岁或 60 岁开始，月月领取现金流，一直领到老的年金产品。**可以多种方式存入、领取方式灵活。**养老年金存入可以月缴，可以年缴，可以 1 年、3 年、5 年、10 年、15 年存入，可以选择 50 岁、55 岁、60 岁、65 岁不同的领取年龄。

领取也有多种形态，有的保证领取低，但现金价值高；有的保证每年领取高；有的保证领取 20 年；有的保证领取 30 年；有的产品存本领利息，本金一直在账户上，满足不同消费者的领取需求。

（二）什么是养老阶段

养老养的不只是意识清醒时的老，还有没有能力掌控金钱时的老。55 岁、60 岁，不是真正的养老期，是人生中相对放松和体验生活的阶段，各种经济压力卸下来，退休了不用去上班，体能可能比部分年轻人还好。60 岁到 70 岁一般是独立养老阶段，70 岁到 80 岁是居家养老阶段，80 岁以后是需要协助养老阶段。

真正的养老更多的是考虑 75 岁以后，比如五六十岁的时候炒股投资精力很棒，75 岁、80 岁的时候体力很难每天盯大盘，无法灵活使用各种软件，是人生中最需要照顾的阶段。

"长命百岁"是一句美好的祝愿，过往我们可能从来没有想过，长寿竟然可能是一种风险。健康、财务充裕的老年是幸福的晚年；身体虚弱，寿命长，退休早，储蓄不够反而会带来长寿的风险。

笔者从不同年龄阶段存养老金的规划，来讲解养老金的价值。

40岁周女士存养老金，源于对生活的掌控感。

我问她为什么考虑存养老金，她说，她邻居叔叔 80 多岁了，叔叔每月差不多 1.6 万元的退休金，年前他感冒了，儿媳妇每天给他泡奶粉，买各种增强抵抗力的保养品，贴心照顾老人身体，照顾他的心情，甚至想过辞职专门照顾老人。

周女士说孝敬老人是本分，自己未来对老人不会因为有钱没钱有丝毫怠慢，但想给自己补充养老金，觉得随着年龄增长如果手头只有存款，退休后的几十年太没安全感。这种不安全感并不是说孩子孝顺或不孝顺，是觉得丧失了很多对生活的掌控感，不想因为自己未来几十年的养老和支出给孩子带来压力。

为什么老人总想去做投资？很多时候他们觉得年轻时的自己判断力还可以，想证明自己宝刀未老，依旧能给家庭创造更大价值而不是负担，本质上因为内心的不安全感。在七八十岁的时候，不想接受自己社会价值变低，如果每月养老金足够或者还有剩余，还可以帮孩子补贴一点家用，心里价值感和安全感会更强一些。

58岁唐女士补充养老金，源于月月充足的现金流。

唐女士现在每月退休金 4000 元左右，但觉得不太够，她说她婆婆今年90 多岁了，每月退休金一万元左右，每次孩子们去她那儿，老人会不定期给孩子塞几百几千元零花钱，每月退休金充足，心里有安全感，当月退休金就算全花完，下个月退休金继续到账。

随着年龄增长，手头如果只有存量的现金，会总担心有花完的一天或者想着节省着花，养老金月月到账，老了不用担心钱会有花完的一天，只需要照顾好自己的身体，少生气。

她说有一天婆婆突然让我和老公去她那儿，她在想有什么事儿，去了后婆婆说下个月我俩就要过生日了，给我们一人一个红包。她说自己当时很惊讶，我都快60岁了，婆婆还给我生日红包。平时家里哪个孩子升学了、结婚了，老人都随几千上万元的红包，老人心底对未来的生活有安全感，她说特别希望自己也是这样的老人，所以想把养老金补充到1.5万元以上。她给自己存了一份养老金，退休每年可以领7万元，又补充了一份养老金，每年领5万元，每月领的退休金达到了自己的预期值。

38岁李女士规划养老金，源于医疗水平提高。

她说，医疗水平提高，寿命不断延长，之前平均寿命70岁，现在平均寿命78岁，女性寿命更高，以后可能85岁，甚至90岁，寿命是延长了，但身体不一定一直那么健康，如果是病恹恹的身体状态，只能是带病衰老的时间更长了，医疗支出会提高，寿命越来越长，未来的支出越来越高。

从50多岁到80多岁，还有30年，比自己工作的时间都长，如果退休后身体不好需要别人照顾，自己的幸福感、价值感会降低。她说担心自己退休后可能会不敢花钱，如果月月到账的养老金足够，这个月花完了，清空了，下个月还有，她就敢一直花。

她说自己妈妈之前也说过，把你们都抚养成人后，我要每年出去旅游几次，但一直没有兑现，并不是手头没钱，而是妈妈觉得如果把钱花了，家人干其他事情的钱就少了。如果妈妈每月退休金上万元，这个月花完了，下个月就有了，她绝对愿意花旅游的钱，不觉得占用了家人其他支出的钱，退休金是和自己每月绑定的，自己只顾开心地好好活，就可以月月领。

30岁+程序员规划养老金，源于社保退休金太低。

他现在每月工资两万元左右，公司是私企，社保只交了最低档，周围有同事退休，每月退休金两千元左右。

所以他想给自己补充一份商业养老金，他说自己现在收入还不错，不过是透支了自己的身体和未来的工作生涯。

现在一天工作15个小时，一天干两天的活，这份工作的薪酬是透支未来的工作时间换来的，等自己岁数大一点，势必没法从事现在这种高强度的工作，身体可能比同龄人差很多。所以想在现在收入还不错的时候，给未来的自己存点养老金，至少每月退休金能到6000元。

45岁李先生通过养老金更想给太太安全感。

李先生说，太太现在一直在家，放弃了之前相对稳定的工作，平时在家照顾老人和两个孩子，辅导孩子日常的学习。他觉得太太为了家庭放弃了自己的工作和成长，没有主动的收入来源，多多少少内心对自己的未来有所担忧，总担心等她老了没有养老金怎么办，所以考虑给太太配置养老金，也是让她变相地掌握一定的财政权，她应该会更开心。

我听了蛮感动，每一份对未来的规划，都带着对未来的期盼，也是对未来生活的憧憬。

给孩子规划更多隐形的钱。

李女士有两个儿子，给自己和先生规划完养老金后，这几年给两个孩子也规划了养老金，孩子退休时每年领 15 万元养老金，孩子年龄小，未来到退休年龄的时间长，所以保费本金投入比成人少很多。

谈到为什么给孩子考虑养老金时，她说孩子毕业后想让他们自己去打拼闯荡，年轻时可以不断试错，创业和工作路上起起伏伏很正常，但等他们年龄大了，精力体力变弱，赚钱能力降低时，想给他们一个兜底和确定的保障。

孩子退休时，自己也老了，没法一直陪在他们身边，每月 1 万多的退休金，一直领几十年领到老，够他们基础生活需要了，不想在他们年龄大时生活保障不充足，用不到就算锦上添花，用得到也算多一层保障了。

随着医疗水平的不断提高，寿命越来越长，她说，也考虑过孩子未来可以用房子养老，但房子租出去才是被动收入，年轻人的上一辈都留了房子，年轻人越来越少。只靠房子养老不踏实。养老金，是我们和孩子不需要做什么事情，每月月初，钱就到账了。

给孩子准备养老金，源于对孩子未来生活的托底。

唐女士给自己补充了养老金，说想给儿子也配置一份养老金，她说孩子现在 30 多岁，事业心强，这几年在创业，但市场经济不景气，创业有波动和风险。

看孩子每天起早贪黑工作，自己也蛮心疼，不想劝阻他在生意上的投入，但想着给他们未来的生活托个底，年轻人有生命力，爱闯荡，生意波动很正常，但不管他未来生意怎么样，等他将来岁数大了，也需要基础的生活保障。

她给儿子配置从 60 岁开始，每年领取 8.5 万元的养老金，领取到老。她说，不能只给儿子买养老金，儿媳妇也需要，儿子平时在外工作，儿媳妇照顾家里和孩子不容易，很辛苦，她想尽自己所能在他们需要的时候尽自己的一份心意，等他们岁数大了，希望他们以后的生活安稳踏实。

（三）养老现状分析

为什么越来越多的人开始给自己储备商业养老金，与我们当下社保养老的现状有很大关联。

1. 我国三大支柱养老保险体系结构失衡

我国养老保障体系有三大支柱，第一支柱是政府统筹的基础养老保险，第二支柱是企业年金，第三支柱是商业养老保险。

目前我国养老金中，第一支柱占主导地位，占比 78.7%；第二支柱只是小范围普及，占比 17.3%；第三支柱刚起步规模小，2019 年占比 0.002%，以商业养老保险为主体的第三支柱提供的养老金替代率微乎其微。早在几年前，美国商业养老金提供的替代率为 33.6%，德国为 12.5%，加拿大为 28.9%，英国为 28.7%，均比我国高出很多。商业养老金提供了养老金的很大一部分来源。

商业养老金可以确定未来领取金额，与我们存的钱成比例，活多久领多久，是我们的终身收入保障，在老龄化、少子化、延迟退休、养老金替代率不足等多重因素下，第三支柱商业养老金是应对老龄化问题的很重要的举措。

2. 人口迈入老龄化

随着医疗及生活水平的不断提高，人均寿命不断增长，我们需要面对退休后的漫长生活，大部分人退休后收入下降，身体素质下降，医疗投入增加。

我国人均预期寿命从新中国成立时的 40 岁左右到 77.9 岁，城镇居民寿命超过 80 岁，上海平均寿命 83.6 岁，深圳 81.5 岁，随着医疗技术和生活水平的提高，人均寿命在未来还可能继续延长，退休后不能工作了，很长一段时间需要靠退休金生活。最担心的是人老了，钱没了，寿命很长却没钱花，这是当下很多人最大的恐惧，多数人意识到，等他们上了年纪，社会保障和医保不足，个人要承担更多的经济和社会风险。

因为养老不只是粗茶淡饭、吃饭穿衣，我们真正需要负责的是随着身体素质的大打折扣和磨损带来的一系列照料的成本。寿命不断增长，意味着需要准备更多的生活费，如果需要持续高品质的退休生活，那需要的退休金会不断提高。

3. 少子化

中国的少子化趋势在加剧，虽然 2016 年全面推行二孩政策，但国家统计局数据显示，在二孩放开的几年里，收到的成效不够理想，新生儿数量不断降低。我国养老金实行现收现付制度，工作的一代人缴费，养活退休的一代人，意味着未来越来越少的人，要用他们的劳动所得去养活越来越多的人。

国家统计局数据显示，2019 年年末，全国 60 岁及以上的人口 2.5 亿，相当于每 10 个人里有两个老人，占总人口的 18.1%；65 岁及以上的人口 1.76 亿，占总人口的 12.6%，中国已经进入了老龄化社会。

2000 年、2010 年、2020 年人口普查显示老年抚养比分别为 15.5%、18.9% 和 29.5%，养老负担持续上升，我国的人口老龄化已经进入了加速阶段。

日本是目前世界上老龄化最严重的国家，资料显示，日本 65 岁以上的老人达 3617 万人，老年人口比例高达 28.7%，居世界第一。日本是一个老牌发达国家，雄厚的经济实力却依然因为世界第一的老龄化陷入了窘境，收入不增，支出增大，导致现在日本有相当一部分老年人工作在一线。

退休后享受高品质生活是每个人心中的梦想，我们希望退休后可以周游世界，或者与朋友悠然度日，怡然自得。但我们所处的时代和父母所处的时代有很大差别，父母那个时代正处于产业发展的蓬勃期，人的平均寿命没有那么长，金融系统也是高利率，人们大可不必为退休后的生活所担忧。

4. 延迟退休势在必行

社保养老金面临中长期压力，当前我国社保养老金面临亏空风险，我国养老金实行现收现付制度，工作的一代人缴费，养活退休的一代人，由于人口老龄化和少子化，未来的养老基金会越来越少，而支出会越来越多，就会形成一个缺口。

中国社会科学院世界社保研究中心发布的《中国养老金精算报告2019—2050》显示，我国城镇企业职工基本养老保险基金预计于2035年耗尽累计结余，如果不推行延迟退休政策，养老金抚养比将于2019年的2.65:1下降到2050年的1.03:1，延迟退休能一定程度上缓解社保养老金压力。

中山大学社会保障研究中心主任表示，晚退休5年，社保基金少支付5年养老金，同时又多收5年养老保险，一来一去是10年，从全国看，每年能减缓基金缺口200亿元。中国社会科学院世界社保研究中心主任也认为，在现收现付的养老金制度的替代率、缴费率和退休年龄三个可变量中，延长退休年龄是弥补养老金缺口的最佳办法。

全球退休年龄延长的趋势。目前，发展中国家男性多为60岁左右；女性55～60岁，发达国家男性退休年龄多为65岁左右，女性60～65岁。多数国家普遍提高了法定退休年龄或者计划提高退休年龄，随着近几年我国经济的发展以及人口老龄化日趋严重，我国已决定于2025年1月1日起正式实施延迟退休。

5. 养儿防老的意识逐渐被打破

中国传统文化觉得"养儿防老"是靠谱的养老保险，但中国不断进入城市化，人们逐渐意识到，靠独生子女来照顾自己的晚年不太可能。

靠孩子养老需要孩子有能力，有意愿，有时间。子女未来可能不仅要养四位老人，还要养小孩，自己在工作上面临激烈的竞争和工作压力，可能也会觉得有心无力。

很多人开始慢慢关注退休带来的风险，指望孩子可能还不如指望自己，养老生活是人一生中需要大量资金耗费的阶段，可能占我们人生的1/3，人生前25年没有收入，中间25～30年虽然是收入高峰期，但要承担一个小生命前25年没有收入的阶段，后30年又回归到自己收入很低或没有收入，但需要养老的一个阶段。

晚年大约30年时间，而人一生工作的时间也是30年，晚年的时间和工作的时间一样，是不是需要将自己收入的一半用来储蓄，才能保证自己晚年的生活水准和目前相同？

随着城镇化的发展，年轻人也开始为养老做准备，独生子女政策和邻里关系的变迁，大幅削弱了亲戚支持和邻里互助的强度，公寓住宅也让亲友和邻居间的互助变得更难。相较于上一代人的养老福利保障较好，当前人口红利逐渐下降，未来的养老需要靠我们自己。

（四）什么时候准备养老金

很多人认为，规划退休是一件重要却不紧急的事情，更有甚者临近退休才开始考虑退休规划。

事实上，伴随着人的寿命不断延长，未来退休后的养老时间可能会长达三四十年，提前准备，可以用较长的时间来分担高昂的养老成本，否则可能会面临养老金还没有准备充足，一旦遭遇不确定的危机如失业或罹患重疾，再难有调整的空间。

30～40岁，退休规划正当时。早规划并不意味着工作的第一年开始规划，需要结合实际情况来看，一般来说，30～40岁开始规划是比较理想的时间。有足够的经济实力来规划退休生活，30～40岁是人生的黄金阶段，这一年龄段的人或在职场打拼许久，或处于事业上升期，相比于20多岁，刚刚步入社会不久的年轻人，具有较强的经济实力来支撑他们进行退休规划，不会影响生活。

30～40岁，大多步入结婚生子的阶段，家庭责任心日益增强，他们对退休规划意识比年轻人更强烈，有足够的时间规划退休生活。以60岁退休为例，倘若30～40岁开始做退休规划，有长达20～30年的时间作准备，在这个时间，可以不断调整，优化自己的退休目标。

40～50岁开始退休养老规划的迫切性更强，子女到了接受大学教育的年龄，但工作的繁忙，父母赡养和子女教育多重责任，可能心有余力不足。

如果50岁开始准备，仅有10年的时间，此时的身体健康情况、工作能力等早不如30～40岁，伴随疾病年轻化的趋势和延迟退休政策的影响，一旦发生重疾无法继续工作，又尚未达到领取退休金的时间，将给自己和家庭带来沉重的负担。在资金和时间的双重压力下，想达到理想的退休目标，需要承受更大的压力。

三、年金，被动收入的现金流管道

（一）什么是年金

年金保险，是以被保险人的生存为给付条件的人寿保险，生存保险金的给付通常采用按年度周期给付一定金额的方式。

年金险和其他形式的保险不同，以往的风险保障一般是在风险和灾难发生后，为被保险人和家庭提供经济保障。年金险是以被保险人生存为条件定期向被保险人给付年金的保险，它关注和保障的是人们的现实生活，如被保险人寿命长，年老体衰，丧失经济能力，或者提前耗尽财富，没有生活收入来源，也是很大的风险，年金险是防范老无所依风险的经济储备。

可以理解为我们先向保险公司缴纳一定的保费，到了约定时间，再从保险公司按约定的规则领钱。比如在年轻时用闲散资金缴纳保费，到约定的领取时间，比如5年后或20年后或55岁开始按合同里固定的金额领取，保险公司开始固定给我们发工资。

很多人把年金险当作一种投资品，过度追求年金险的收益，实际上，年金险具有投资属性，但是更大的价值是用来管理长寿风险和建立一生持续现金流的金融工具。

笔者从不同人群做年金的规划，来讲解年金的价值。

1. 给孩子建立提供终身工资流的企业

从事企业经营的刘先生事业有成，生意上顺风顺水，但让刘先生头疼的是，家里唯一的儿子对自己家庭生意毫无兴趣。刘太太说，留学的儿子只想搞艺术，不想回国，花钱大手大脚，这成为刘先生最大的心病。

尽管父子俩一直有争执，但刘先生私下让太太为儿子买了份年金险，缴费期 5 年，从投保第五年后，年金每年返还 30 万元生存金，相当于给儿子提供领取到终身的现金流。

这样的资金安排，既不需要担心儿子把钱一次性挥霍掉，又能保证他有一辈子的现金流，保障一生基本的生活支出。

没有持续稳定的现金流，任何大额资金留给子孙都是有风险的，如果没有管理财富的能力，坐吃山空，都会有吃空的一天。

2. 实现提前退休的财务规划

唐女士今年银行理财到期，了解到年金可以从第五年开始按年或按月固定返还现金流，一直领取到终身，本金一直在账户里。于是，她存了一份年金，从第五年开始，年金每年固定返还 8.4 万元，每月 7000 元左右。

相当于每月多了一份工资，并且可以一直领取到终身，满足日常基本生活的支出，不受社保延迟退休的影响，五年后就实现了自己的小退休计划。

好的财务结构，会带来真正意义的财富。设想我们身边有两位朋友，年龄等背景基本相同，同样月入 3 万元，唯一的差异在于一位源于工资收入，另一位三分之二月收入来源于被动收入和房产的租金收入，两人的幸福感必然是不同的。

很多收入不错的人退休后很难持续享受高消费，因为劳动力收入转瞬即逝，工作得来的收入，如果停止劳动，不管是因为退休、疾病，还是受伤，甚至是体力耗光了，财富就会减少。

《邻家的百万富翁》提到，很多人对财富的认识是错误的，拥有财富和获得收入是截然不同的两件事，如果每年有不错的收入，但都花完了，你并不会变富有，只是生活水平比较高而已，财富是你所积累的，不是你所花费的。

大部分人的工作是干一天活拿一天工钱，干一个月的工作领一个月的薪水，一年的工作换取一年的报酬，用自己的一份时间换一份金钱，但如果当天因为生病了没有工作，当天就没有收入，如果遇到任何意外，比如疾病、受伤无法继续工作收入就会马上停止，靠工资生活，就像我们自己每天在提水桶。

获得财富自由的人就像用自己的储蓄和资本给自己建了一个提供现金流的管道，管道每天 24 小时，每周 7 天，每年 365 天在运作，当你睡觉时，当你玩乐时，当你生病无法工作时，管道都在给你赚钱，不管你是否付出时间，总会有收入，让我们摆脱以时间换金钱的陷阱。如果管道有被动收入，停下一份工作，只是少了一份收入，每月还有固定资金到账，不用担心自己老了钱会有一天花光。

年金就像我们建立的提供终身现金流的管道，部分投资者把每年赚钱的一部分趸交或分期交年金，每月返还的现金流就像管道里的水，然后我们再不断积累财富去扩大这个管道的直径，让每年固定返还的金额不断提高，是为家庭建立了一条提供长期、持续、稳定、安全、专款专用的现金流。

（二）收入 ≠ 财富

《财务自由之路》一书中在讲收入和财富之间的区别时提到，收入不意味着财富，我们的生活水平随着收入的提高不断提高，当我们能够靠自己的资产生活，不必再继续工作，才称得上富裕，因为这时候金钱在为我们工作。

变富裕不是因为挣到的钱，而是因为存下的钱，自己是想拥有一台赚钱机器，还是当一台赚钱机器，两者的区别在于储蓄，在于积累足够的资产，可以靠资产带来的利息生活，而每年源源不断的利息就是我们每年的现金流资产。

《穷爸爸和富爸爸》中有一个案例，富爸爸带着大家去奶牛场和屠宰场，尽管牛场主和奶农都把他们的牛看成资产，但他们处理资产的方式不同，差异在于资本收益还是现金流。牛场主像为了资本收益进行投资的人，奶农像是为了现金流投资的人。

大部分人接受的训练是为了资本收益投资，他们无法看到为现金流而投资的力量，之所以很多人会损失大量投资，或者认为投资有风险，是因为他们像牛场主一样，投资为了屠宰，不是为了得到牛奶。

当投资时怀着"某事将来会发生"这样的想法，是在投机，为资本收益而投资的情况也是如此，因为如果仅仅是我曾经有一次投资赚钱了，并不表示我还会再次赚钱，市场和周期在变化，今天的我们很明智，不代表明天的我们也很明智。万一哪次不明智，过往积累的资金可能会遇到很大的损失。

资产转换为现金流，首先是积累第一桶金

养成良好的储蓄习惯，获得和增加可用于投资的本金，积累第一桶金的目的很明确，就是获得足够的本金，让本金为我们赚钱，让钱生钱。

我们不是为了存钱而存钱，而是利用钱为我们创造更大的价值，这一点一定要无比清醒，我们的目标是获得资产性的被动收入，那我们首先得有资产，这个阶段的资金管理，要注意自己的本金安全，应该以低风险为主。

然后，将自身资产的一部分转化为可以在未来分期领取的有保障收入的规划，包括年金、养老金、房产等。

资产天然会面对很多风险，将资产转成现金流是对冲风险的一种方式，钱的功用和价值发生了变化，现金流每月每年固定到账，这笔资金不会遇到大的风波和变化，能覆盖未来持续的支出。

这几年，随着房地产市场的不景气，部分投资者把房产资产转换为保险年金，房产未来的走向不清晰，出租又费心费力，年金可以实现在规划后的一定时间开始年年领钱，提供源源不断的现金流。

每年的现金流利息类似房屋对外出租的租金，本金在账户里保值，每年有确定的现金流利息，需要时可以变现，省心又踏实。

提高自己的被动收入

新闻里见过太多中彩票发大财的普通人，因为无节制的挥霍，数年之后被打回原形甚至活得不如之前，也有的坐吃山空，财富不断缩水。尤其随着医疗及生活水平的不断提高，国内人均寿命不断增长，存量的现金总有花完的可能，不会因为我们有了某个数字的存款，就一劳永逸、高枕无忧。

每个人都可以在自己工作提水桶的时候建立管道，每个人有几十年的时间给自己建立现金流的管道，没有管道就没有持续的收入，没有持续的收入，只要停止劳动，不管是因为退休、疾病，还是受伤，甚至是体力耗光了，桶里的水就会枯竭。

建立管道需要时间，它不是自动形成的，需要你花时间和精力去建造。《管道的故事》一书中提到，只要以时间换取金钱，我们的生活就没有安全保障，工作顺利的时候是建立管道最好的时机。

（三）给家人准备一份终身的工资

返还型的年金，不管是 5 年后开始领取还是 18 岁开始领取，或是 55 岁开始领取，一般是一直领取到终身，可以理解为是终身的工资流。

史先生给全家人每人规划了一份年金，从第五年开始，每人每年领取 6 万元，每月领取 5000 元，一直领到终身。不管经济环境怎么变化，保证了家人每月的基础生活支出。

投资和创业盈利了和赢钱类似，当年的利润不领取出来一部分，本金盈利都在里面，会一直接受未来生意波动的风险。不定期领取的利润也是锁定了过去的盈利，让这部分财富平滑到未来家庭每一天的支出。

返还型的年金类似把当下的存量财富变成终身的现金流管道，很多人花很多钱来买奢侈品，却没有拿出一部分来建立管道，建立管道是为了持续的收入，不断得到每月的现金流回报，等我们建好管道，现金流的钱大于我们的支出，就有终身源源不断的被动收入了。

投资会伴随我们一生，不要抱着一夜暴富、放手一搏的心态去投资，往往欲速则不达，病急乱投医，万一看走眼了呢？这不是在理财，而是在赌博。真正的一项投资，要把安全性、收益性和流动性综合起来考虑，财富是日积月累持续增长的过程。

四、增额终身寿，家庭基石资产

增额终身寿，这几年成了很多家庭选择的理财工具，过往大家对寿险的理解是以生命为标的身价赔偿的险种，为什么寿险会成为很多人选择的家庭理财的工具呢？

首先我们需要了解这不是传统意义上的寿险，寿险分为定期寿险和终身寿险，终身寿险又分为定额终身寿险和增额终身寿险。

定期寿险偏重一定时间内的身价保障，如保障 20 年、30 年或保障到 60 岁或 70 岁，这段时间内如被保险人身故，保险公司按约定的保险金额赔付保险金；如果保险期限届满，被保险人健在，保险合同自然终止，保险公司不再承担保险责任。

定额终身寿险指身故保额固定的终身寿险，如刘先生分 20 年缴费，每年保费 4 万元，投保了一份 200 万元保额的定额终身寿险，从投保当年到整个终身保险期内，200 万元的身价保额不会发生变化，万一不幸发生身故风险，保险公司赔偿给受益人 200 万元，是终身的身价保障，适合资产传承。

增额终身寿险，保额可以增长，保险金额每年复利递增，账户当年的现金价值随着保额增加不断增长，账户价值不断增加对很多人来说，自然具有了一定的储蓄功能。在缴费阶段实现强制储蓄的功能，缴费结束后可以不定额减保领钱，身故可以指定传承，兼具了年金保险现金管理的属性和寿险传承的属性。

（一）强制储蓄

在日常生活中，人们很难存下钱，一定要根据收入情况做一个支出计划。储蓄是有节制地把收入按一定比例存下来，存在账户活期里的钱或账户里部分钱暂时用不上的，但可能在未来的某个时间会用上，比如孩子未来上学的花费，或者自己未来养老的钱，就可以通过增额终身寿险每年进行强制储蓄。

每月消费当月收入的 80%、90% 和消费 100% 相比，没有太大区别，但每月存下这 10% 或 20% 的资金，存在一个独立的储蓄账户中，积少成多，会让我们未来安心富足。

（二）财务安全

很多人对投资的理解是投资靠冒险才能赚钱，赚钱都是不断冒大风险，真的是这样吗？就像风投机构，很多人觉得他们只做风险投资，虽然名字里有风险两个字，但实际上，他们是避险高手，而不是冒险高手，以最低的风险获得最大的收益才是他们的价值观。

李笑来老师举过一个例子，就像脑外科医生做开颅手术，他的每一个动作看起来都是危险的，一点点的失误就可能造成很严重的后果，这是从观察者的角度来看。而作为行动者，他通过了高强度的训练，他知道什么是危险的，什么是安全的。有效地避险才能称为专家。

投资也是如此。初学者对投资的理解只是冒险，冒险才能成功，实际上，成熟的市场投资者所有的注意力都放在如何避险上，而不是如何冒险上。巴菲特曾表示，投资成功的秘诀有三条原则：第一，尽量避免风险，保住本金；第二，尽量避免风险，保住本金；第三，记住前两条，要让雪球越滚越大，要保证每年的投资收益不能亏损。

增额终身寿产品安全有保障，资金运用受到国家监督部门的严格监管，保单利益通过确定的现金价值在合同里体现。

（三）收益锁定

每份保单在设计时，保险精算师根据当时的生命周期表和当年的预定利率来设定保单的预定利率。

表5-1　一年期存款利率变动情况

时间	利率	
1996年	10.98%	↓
1997年	8.64%	↓
1998年	7.92%	↓
1999年	5.65%	↓
2007年	4.14%	↓
2008年	3.60%	↓
2011年	3.50%	↓
2012年	3.25%	↓
2014年	3.00%	↓
2015年3月	2.5%	↓
2015年5月	2.25%	↓
2015年6月	2.00%	↓
2015年8月	1.75%	↓
2015年10月	1.50%	↓

因为保险合同的长期性和终身合同的属性，保单一旦签订，合同预定利率是不变的，因此，保险合同具有收益锁定功能。

刘先生1997年买了一份年金险产品，预定利率是8.8%（当时银行利率是9.5%），到了2024年，刘先生这份保单利率仍然是8.8%（银行利率是1.5%），银行利率一路走低的情况下，保险合同的预定利率锁定了。锁定利率体现在，合同的保单权益、现金价值等在投保时都已确定，合同条款里的现金价值，不会随资本市场、利率水平的波动而波动。

随着经济发展增速放缓，利率下行可能是未来趋势（见表 5-1），增额终身寿险锁定的利率不管市场利率怎么下降，账户利率从买的那时起到终身，一直不会下调。

2019 年市场部分增额终身寿产品预定利率是 4%，2019 年市场产品预定利率调整到 3.5%，2023 年增额终身寿预定利率降低到 3%，2024 年增额终身寿预定利率降低到 2.5%，消费者购买的增额终身寿的账户每年的现金价值会写进合同，也是锁定了当年对应产品的利率。欧美很多国家存款利率降低到 0 水平，甚至负利率，如果未来市场利率持续下行，甚至到负利率，增额终身寿也需要按投保时约定的利率和条款兑付。

家庭财富从创富到守富的过程，收益锁定非常有价值，尤其市场利率面临下行风险时，赚钱的速度有时可能比不上降息的速度。例如，利率为 4% 时，每年 10 万元利息需要 250 万元本金；利率为 1% 时，10 万元利息则需要 1000 万元本金。

有的消费者称，"趸交的增额终身寿的投资属性像投资了一套金融房产"，投资的金额可能不足一套房子，但利息可以等值换算。如投资一套房产，未来 10 年、20 年以后，价值说不准，但增额终身寿未来 2 年、10 年、20 年、30 年的价值是确定的，多长时间增长本金的 20%、增长本金的 50%，翻一番、翻两番是确定的，不会贬值，省心省力。确保资金安全，长期稳定地增值，增额终身寿在利率下行通道中是较好地锁定未来利益的产品。

（四）复利增值

什么是复利？复利是利滚利或利上加利，一笔存款或投资获得回报以后，再连本带利进行新一轮投资，不断循环，就是复利。与复利相对应的是单利，单利只根据本金算利，没有利滚利的过程。这两种方式所带来的利益差别一般人容易忽略。

举例说明，著名的企业家李嘉诚从 16 岁开始创业，到他 73 岁时，白手起家 57 年，家产达 126 亿美元，这是一个天文数字，对于普通人来说是难以想象的，李嘉诚也因此成为世界华人的首富。如果我们用复利公式：本息和＝本金（1＋利率）^{n}，其中 n 为期数来计算收益，如果用 1 万美元做投资，每一年复利收益率可以达到 28%，那么 57 年的时间，可以达到 129 亿美元的回报。

可是，若是单利 28% 的收益率，57 年的时间，却只能带来 16.96 万美元，差距非常大，同样 28% 的年收益率，复利和单利带来的效果截然不同。

复利在最初回报未必理想，但只要再投资，资金就像滚雪球一样越来越大。就像企业，如果只追求眼前利益，企业竞争力和文化缺乏积淀，没有发展后劲，企业仍然是小打小闹。有的企业设立了远景目标，注重可持续发展，一年一个台阶，经过几十年的努力可能富可敌国。这与投资的复利是一样的。

投资中面临种种风险，能长期得到稳定的回报不是那么容易做到的，投资成功的艰难不是在于一两次的暴利，而是持续保持较小的盈利，稳定而持续的增长。起步资金可以不大，但需要足够的耐心加上持续稳定的"小利"，这也是为什么爱因斯坦说世界上最强大的力量不是原子弹爆炸的威力，而是"复利"。

复利＋时间＝世界第八大奇迹，现实中很多人却往往忽略时间的馈赠，当前的储蓄类保单，就是通过利用时间和复利，存的时间越长，收益越高。

（五）增额终身寿险流动性

增额终身寿前期灵活性不如现金储蓄那样可以随时支取，在一定程度上保证了强制储蓄，专款专用。但也并非平时动不了钱，在需要资金时，可以通过保单贷款的方式进行资金的灵活周转。

增额终身寿险保单有一页现金价值表，就是保单当年有多少钱，增额终身寿险的保额复利增长，现金价值每年也随之增长，需要本金时可以贷出当年现金价值的 80%。多数保险公司可以通过公众号线上提交保单贷款申请，一到几个工作日就可以到账，贷款后还款灵活，没有期限限制，随借随还。可以贷款后几天还，也可以几个月还；可以还一部分，也可以全部还，按天计息，降低了周转资金的成本。

日常生活中，房子用来贷款可能不一定贷到 80% 的价值，保单贷款利息每半年会波动，贷款不影响保额的复利增值，保额和现价依然复利增长，不影响账户的增值和流动性。

另外，消费者可以通过减保领取现金价值的方式来实现资金的自由支取，从保单里领取部分现金价值，不会收取手续费，实现资金的灵活使用，取现以后保额也会相应地降低，再复利的时候就是用减完以后的保额去复利。

（六）财富传承

增额终身寿险与定额终身寿险一样，是以被保险人生命为标的，以被保险人的死亡为给付条件的人身保险。保单的死亡理赔金一般由保险公司直接给付给受益人，不会被纳入被保险人的遗产计算，受益人不需要按照遗产继承法律先偿还继承人生前所负债务。

通过保单的方式传承，可以实现有控制力的财富传承，父母作为保单投保人，生前拥有对保单的控制权，可以灵活指定和修改保单的受益人和受益比例，通过变更投保人，更改受益人，更改受益比例，实现财富的保障和传承。

（七）让十年后的钱按现在利率计息

日常大家接触较多的银行理财或国债一般是一次性将钱存入，给现在存入的钱一个利率。如果我们明年或十年后赚的钱再做理财，就只能按存入时的利率，可能收益提高，也可能在不断降低。

如果一个人未来的收入和今年差不多，或者逐年有所提高，每年想固定攒下一笔钱，但担心未来利率会下降，增额终身寿险可以实现把以后赚的钱也进入今年这个利率的理财账户里。可以实现这种功能的原因是，增额终身寿险可以选择一次性存入，也可以分期按3年、10年或20年存入。

如果选择10年期，每年存2万元，相当于用2万元占住10笔钱（20万元）利率的坑；选择20年期，就可以用2万元占住40万元利率的坑，让未来陆续要赚的钱享受现在的利率，让存下的本金基数变大。

（八）投资精力的投入也是巨大的成本投入

作投资，我们需要管理自己的投资时间。一项投资，我们在算成本和收益时，在本金之外需要算一下在里面投入了多少精力，精力也是巨大的成本。

比如投资10万元基金，到年底赚了6%，赚了6000元，这一年你在这项投资上花了多少精力？是每天拿出10多分钟来看行情盯大盘吗？这就要算一下你的时间更值钱，还是你花时间去投资赚的更值钱。很多上班一族，白天工作繁忙，工作量很大，难得抽出一点放松的时间，没有多余的精力盯着各种投资。如果你的时间更值钱，那应该把时间花在能赚更多钱的地方，比如，提升自己，或者去让你更加放松的地方，或者找到适合自己的投资方式。

每个人的投资方式不同，有的人投资喜欢激进，骨子里有富贵险中求的劲头。有的人骨子里不喜欢冒险，信奉平平淡淡才是真。怎么判断呢？假如你投资亏损了30%，对你的心理有什么影响？是毫无影响，吃嘛嘛香，还是痛心疾首？面对亏损，不同人的投资心态是不同的，心态好的可以玩风险高、波动大的；心态不好的，则更适合守着确定收益的投资，减少自己的情绪消耗。

因为时间是有价值的，怎么在单位时间里产生更多的价值，要看你把时间投在了哪里，明智的投资者应该把时间放在收益更高的地方去。如果你自制力差，没定力，缺乏主见，不自信，优柔寡断，该卖不卖，该买不买，该斩仓不斩仓，又或者过于追求完美，那不建议去做主动型高风险投资，如股票等。而更适合像增额终身寿等基本无情绪投入、无精力消耗的投资，甚至年金几年几十年都不用操作，任它在账户里每年复利增值，帮你节省出更多的时间去做更有价值的事情。

认清自己，找到适合自己的投资，不然很容易在花花绿绿的商业世界里迷失自己。

（九）投资是一项无限的游戏

决定我们账户收益的三个重要因素是时间、利率、本金。本金是我们的储蓄，利润可以通过年金锁定不下调，时间同样也是金钱，投资是一场无限的游戏。

什么是有限的游戏和无限的游戏？有限的游戏是我们人生的某一次体验、某一段经历，在于赢得当下的胜利，以取胜为目的，赢了或输了就结束了。无限的游戏旨在让游戏永远进行下去，不断延续下去。有限和无限的游戏解答了人生很多终极问题，比如人的一生该怎么过，有限的游戏是一次次成败、一次次经历、一次次得失，而无限的游戏是一生延续不断的事物，比如成长。

成长如此，投资也如此。"股神"巴菲特说投资像从山上往山下滚雪球，开始时雪球很小，但只要往下滚的时间足够长，而且雪球粘得足够紧，最后雪球一定会变得很大，重要的是发现很湿的雪和很长的坡。

增额终身寿险保障期到终身，更像是这样的很长的坡，每年有一定的收益，在时间的加持下，实现资产的不断增值。它可能不是收益最高的投资方式，但一定是最稳定上升的、锁定终身利率的、没有任何情绪消耗且持续终身的理财方式。

第六课 企业家风险管理

对于普通家庭来说，保险可以帮他们抵御疾病或意外风险，转移疾病等风险发生时的经济损失。对于部分企业家来说，疾病保障很难满足他们的需求，几十万元甚至上百万元的疾病保障对他们来说，不是难事。

保险不仅能在疾病方面提供风险保障，还具有重要的财富管理功能。例如，如给孩子建立单独的教育成长账户，避免企业经营风险影响孩子未来教育花费，给家人准备充足的养老金，做好财富的传承等。

经济环境一直在变化，企业家在企业经营管理中总会遇到各种不确定的风险和挑战，企业经营风险可能带来债务连带、资金婚变分割、遗产税等。如何让财富规避风险，按自己的意愿传承给下一代，也是很多企业家关心和在意的问题。

一、企业经营周期风险

企业发展有周期性，企业在快速成长期会有大幅的利润和发展空间，但如果行业进入了衰退期，一味地投入资金，可能所有的利润会被吞噬，穿越周期的企业无不具有可观的市场弹性，以及在逆境中恢复的能力。

《基业长青》一书中提到，所有的企业都会至少经历一次严重的挫折。迪士尼在 1939 年遭遇了严重的资金周转困难，被迫公开上市，20 世纪 80 年代初期，迪士尼股价低迷，动画事业陷入谷底，公司面临巨额亏损和各种不确定因素。波音公司在 20 世纪 30 年代遭遇了严重的困难，到 70 年代又遭遇了严重困境，裁员 6 万多人。惠普公司在 1945 年遭遇了严重的挫折，1990 年股价跌破票面值。索尼创业前五年推出的产品一再失败。福特汽车在 20 世纪 80 年代初期出现美国历史上最大的年度亏损，三年共亏损 33 亿美元，之后开始反败为胜，高速发展。

发展中的企业有的能生存 5 年、10 年，有的能生存几十年，其间会经历各种机遇和风险，在舒适安全的空间里企业很难有大的突破。很多企业在发展遇到瓶颈或有突破时，会不断尝试大胆冒险的举措来刺激企业的活力和进步，提高市场的份额。

沃尔特·迪士尼在 1934 年做了一件电影行业前所未有的事情：创作一部动画电影长片。迪士尼在创作《白雪公主》这部片子上投入了公司大部分的资源，这件事在当时被称作"迪士尼蠢行"，被电影人士嘲讽，当时周围的人都认为谁也不愿意看卡通电影长片。但 20 年的时间，迪士尼出品了一连串动画电影长片，如《木偶奇遇记》《幻想曲》《小鹿斑比》。随后，迪士尼又作出了一个冒险的决定：建立一个新颖的娱乐园区，即后来闻名于世的迪士尼乐园。

很多企业的发展得益于不断创新，提高竞争力，但在创新的过程中也在经历别人没有经历的冒险和挑战。

IBM 公司在 20 世纪 60 年代初期冒着不是大获全胜就是一败涂地的风险，投资开发了 360 系列的大型电脑，这在当时是前所未有的商业投资计划。《基业长青》中记录，该计划需要的资金比美国制造第一颗原子弹的曼哈顿计划还要多，《财富》杂志把 360 大型电脑称作"IBM50 亿美元的豪赌"。在推出 360 系列期间，IBM 公司有将近 6 亿美元的库存产品，几乎需要紧急贷款来支付员工的薪水，并且在推行 360 系列后，IBM 公司原有产品的需求完全枯竭。

每个企业都是在风险中经营的，没有永远成功的企业，只有在不同周期中生存的企业。

比尔·盖茨总是告诫他的员工：我们的公司离破产永远只差18个月，企业家要居安思危，很多时候不一定是企业经营出现了问题，也可能是行业的发展从成长期进入了衰退期。

（一）企业经营具有周期性

柯达曾经是全球强大的公司，于2012年申请破产保护，退出了胶片相机传统业务。虽然柯达一直在努力改变和创新。但是任何行业都存在一个生命发展周期，这个周期主要包括四个发展阶段，即幼稚期、成长期、成熟期、衰退期。行业的成熟期是一个相对较长的时期，但不同行业的成熟期时间长短有所不同。然而，成熟期相对较长的行业会给其中的企业一个错觉，认为这个行业将永不衰退，而忽略了潜在的变局正在到来的危险。

遗憾的是，柯达没有认识到相机行业即将迅速衰落，没有认识到一个替代性的新行业新周期新机会正在出现，柯达没有跟随新老周期交替变化的节奏去改变，而是所有努力都是为挽救传统业务。

就像自然界一年有春夏秋冬四季循环一样，企业所在行业周期也存在不可抵抗的衰退变化，企业应为迎接新的周期早做转型准备。

（二）企业是逐渐演进的物种

任何一个企业，历经长周期的发展，都是在不断迭代的进化中进步的，这种进步方式和达尔文的生物进化适应自然环境非常相似，在适应市场的变化中带来提升和发展。

在发展的过程中，既有大的跃迁，也有周期性的淘汰，优胜劣汰、适者生存。

但对于一个家庭或个人来讲，如果仅仅看到财富的进攻，忽略了财富的防守，那么我们对财富的认知是不完全的。财富的进攻关注的是收益，而财富的防守关注的是成本和归属。

而企业在快速发展的周期，企业家需要考虑给自己和家人保留一部分空间和退路，避免企业资金和家庭资金混同，避免企业在遭遇发展周期影响时，家庭日常生活也受到较大影响。因此，在企业经营过程中，需要做好风险识别和风险管理。

二、企业债务风险

《2018 年胡润财富报告》显示，中国拥有千万资产的高净值家庭中，企业家占比 60%，拥有亿元资产的高净值家庭中，企业家占比 80%，企业家是高净值家庭的主力人群。对于企业家来说，他们通过企业经营创造了巨额财富，但在企业经营的过程中也承担了巨大的风险，如企业债务风险。

企业债务风险多来自企业融资，融资会伴随企业发展的整个过程，创业时需要资金投入，发展时需要扩大规模，良性的负债可以加速企业发展速度，衰退时需要资金止损，但亏损止不住时就将面临巨额的债务，加上企业家对一手建立的企业有很深的感情，会不断地融资来恢复企业的正常运营，导致企业的债务不断增大。

企业在融资贷款时，企业家和配偶一般会被要求提供个人无限责任担保，一旦企业资不抵债，牺牲的就是家庭财富本身。很多企业家的精力聚焦企业经营，往往容易忽视债务隔离，对法律和税务政策不了解，家企不分，家庭关系复杂，也给企业家带来了很大的困扰。

（一）锤子科技

2012 年，罗永浩创办了锤子科技，吸引了一大批"锤粉"，很多人把罗永浩定义为"理想主义者的逆袭"。2018 年下半年，锤子科技爆发了危机，从裁员到解散，负面新闻一直不断，锤子科技最多时欠了银行、合作伙伴和供应商约 6 亿元的债务。

虽然 6 亿元大部分为公司债务，但罗永浩没有逃避和放弃，通过直播还完了所有债务。据称，在锤子科技曾有长达 13 个月每天都处于资金链断裂的边缘，作为 CEO，罗永浩背负着巨大的压力，罗永浩在一档节目中坦言，当时为了挽救公司需要在一笔近 9600 万元的高额贷款上签字，银行风控人员要求其太太也签字，罗永浩想都没想就打电话让太太前往银行签字。

罗永浩称从不后悔创业，但后悔让妻子签字借款，这意味着，万一罗永浩未能上演现实版的"真还传"，则偿还债务的责任有可能落在妻子身上。

在企业经营中，夫妻一方作为创始人的情况广泛存在，在公司融资的过程中，投资人出于风控的考量，通常会要求创始人及公司在特定情况下承担股权回购义务或就违约事项承担连带赔偿责任，为公司经营向银行提出借款申请同时作为连带担保责任人，这些事项都会引起创始人的债务，进而引发夫妻共同承担债务的风险。

还有很多企业家用个人账户收取公司款、公司报销等问题，刺穿了有限责任的保护伞，变成无限责任公司，公司出现债务问题，也需要承担无限连带责任。

（二）富贵鸟创始人去世，子女为避巨额债务放弃继承权

2012 年，富贵鸟凭借 2000 余家品牌专卖店，一跃成为全国第三大商务休闲鞋产品制造商。2013 年 12 月，富贵鸟趁热打铁在中国香港挂牌上市，首个交易日股价最高升至 8.9 港元 / 股。但谁都没想到，富贵鸟的巅峰如此短暂，在 2015 年经历 7.436 港元 / 股高点后，富贵鸟股价一路下滑，直至停牌 3 年后面临退市窘境。

富贵鸟在此期间也曾多次试图转型自救，但换来的是投资失败导致的财

务链条持续恶化，2016年与2017年的业绩均未按期披露。2017年6月，富贵鸟董事林先生去世，法院开庭处理其案件，银行提起诉讼要求其配偶及子女作为第一顺位继承人承担连带清偿责任。为了避免高额债务，林先生的子女到庭声明放弃继承权。

在一般情况下，子女得知能继承家产，通常都带着喜悦，可富贵鸟创始人的子女如果继承家产，则需要面对超乎想象的负债。

这也反映了很多民营企业的问题，全身心投入企业经营管理的同时，忽略了家庭财富和企业之间的"防火墙"，一旦企业经营失败或遇到重大债务问题，债务会牵连家族，甚至让自己和家庭成员失去最基本的生活保障。

（三）资金隔离

保单可以实现相对的债务隔离，为避免保险金将作为遗产，保单必须指定受益人。由于夫妻财产共同制，受益人最好不要设定为投保人或被保险人的配偶，可以指定为父母或子女。

最高人民法院《关于保险金能否作为被保险人遗产的批复》规定："人身保险金能否列入被保险人的遗产，取决于被保险人是否指定了受益人。指定受益人的，被保险人死亡后，其人身保险金应付给受益人；未指定受益人的，被保险人死亡后，其人身保险金应作为遗产处理，可以用来清偿债务或者赔偿。

保险法第四十二条　被保险人死亡后，有下列情形之一的，保险金作为被保险人的遗产，由保险人依照《中华人民共和国继承法》的规定履行给付保险金的义务：

（一）没有指定受益人，或者受益人指定不明无法确定的；

（二）受益人先于被保险人死亡，没有其他受益人的；

（三）受益人依法丧失受益权或者放弃受益权，没有其他受益人的。

受益人与被保险人在同一事件中死亡，且不能确定死亡先后顺序的，推定受益人死亡在先。

富贵鸟创始人去世，子女为避免高额债务放弃继承权，即是继承人放弃继承，不用再清偿被继承人生前的债务。

三、企业税务风险

在社会经济发展的初期，国家大力推动经济发展，在法律、制度、税务、监管等方面制定了许多优惠政策，鼓励一部分人先富起来，因此，我国经济发展活力不断增强，但也出现了收入差距日益扩大和经济发展质量不高等问题。

党的二十大报告提出，中国式现代化是全体人民共同富裕的现代化，高质量发展是全面建设社会主义现代化国家的首要任务。加强对高收入的规范和调节，依法保护合法收入，合理调节过高收入，鼓励高收入人群和企业更多回报社会，也体现了逐步规范市场经济秩序的决心。

（一）家庭资产和企业资产严重混同

很多企业在经营过程中，会面临资金短缺，企业家会把个人资产投入企业中，帮助企业渡过难关；企业开始盈利后，企业家为自己的个人消费买单，比如用企业的钱买车买房、旅游、日常支出等。

有的企业用个人账户收取公司账款，觉得可以给企业节省税收成本，虚开增值税发票，公司账户和个人账户混为一用，觉得公司的钱就是自己的钱，个人账户收取公司销售款也是应该的，但严重者可能触犯刑法。

《中华人民共和国刑法》第二百零五条　虚开增值税专用发票或者虚开用于骗取出口退税、抵扣税款的其他发票的，处三年以下有期徒刑或者拘役，并处二万元以上二十万元以下罚金；虚开的税款数额较大或者有其他严重情节的，处三年以上十年以下有期徒刑，并处五万元以上五十万元以下罚金；虚开的税款数额巨大或者有其他特别严重情节的，处十年以上有期徒刑或者无期徒刑，并处五万元以上五十万元以下罚金或者没收财产。

伴随着企业经营的失败，往往伴随着失控的债务危机，企业和个人财产混同，公司经营的风险也会传导给企业家个人，进一步传导到企业家的家庭中，巨额的企业债务需要承担连带责任，家庭资产也会被冻结，用来偿还企业债务。

公司法规定，股东以其认缴的出资额为限对公司承担责任，但如果股东和公司账目混同，股东个人就需要对公司债务承担连带责任。

（二）金税系统不断完善

金税系统是国家税务管理信息系统，它涵盖了发票管理、纳税申报、税收征收、税收数据分析、税务稽查等多个环节，旨在提高税收征管效率，加强税收管理和监管。

2013—2016年，金税三期在全国陆续上线，传统税务管理强调账簿和凭证管理，效率低下，金税三期进行强大的数字信息收集和比对管理，信息处理效率大大提高。2015年纳税人识别号建立，它为金税三期提供了纳税人的唯一身份标识，提高了税收征管的效率和准确性。

过去，因为国地税征管分离和交叉管理发生"漏户"问题，由于归属权限不清而造成管理"盲区"。金税三期上线实现了国地税征管系统合并，解决了国地税交叉管理的盲区问题。

2023年金税四期上线，2024年全面实施，金税四期是金税三期的升级版，系统升级，加强了统筹监管。

金税四期采用了云计算、区块链等信息技术，实现更快速、更精准的税务管理，提高了互联互通和智能化，与工商、税务、社保等多个部门的数据共享，提高了信息的透明度。

实现全流程智能化办税服务，能自动验证企业对外申报的数据一致性，自动识别和预警异常税务行为，减少企业多账目问题。

金税四期通过大数据监控企业的收入、成本、毛利率、销售、采购等数据之间的逻辑关系，自动预警异常情况，可以监控企业的收支和公司成员的社保问题。可以进行虚开增值税发票智能分析，对骗取出口退税智能分析，逃漏税分析，重点行业涉税违法智能分析，主要税种涉税违法智能分析。

一些企业家过往对税收抱着"法不责众"的侥幸心理，能少缴的税就少缴，金税四期后，纳税人所有的经营行为都会纳入税务机关的监管范围，很多企业家如履薄冰，出现税务问题很可能导致企业运营停滞，出现大额损失。

《中华人民共和国税收征收管理法》第六十三条　纳税人伪造、变造、隐匿、擅自销毁账簿、记账凭证，或者在账簿上多列支出或者不列、少列收入，或者经税务机关通知申报而拒不申报或者进行虚假的纳税申报，不缴或者少缴应纳税款的，是偷税。

对纳税人偷税的，由税务机关追缴其不缴或者少缴的税款、滞纳金，并处不缴或者少缴的税款百分之五十以上五倍以下的罚款；构成犯罪的，依法追究刑事责任。

扣缴义务人采取前款所列手段，不缴或者少缴已扣、已收税款，由税务机关追缴其不缴或者少缴的税款、滞纳金，并处不缴或者少缴的税款百分之五十以上五倍以下的罚款；构成犯罪的，依法追究刑事责任。

《中华人民共和国刑法》第二百零一条　纳税人采取欺骗、隐瞒手段进行虚假纳税申报或者不申报，逃避缴纳税款数额较大并且占应纳税额百分之十以上的，处三年以下有期徒刑或者拘役，并处罚金；数额巨大并且占应纳税额百分之三十以上的，处三年以上七年以下有期徒刑，并处罚金。

扣缴义务人采取前款所列手段，不缴或者少缴已扣、已收税款，数额较大的，依照前款的规定处罚。对多次实施前两款行为，未经处理的，按照累计数额计算。

有第一款行为，经税务机关依法下达追缴通知后，补缴应纳税款，缴纳滞纳金，已受行政处罚的，不予追究刑事责任；但是，五年内因逃避缴纳税款受过刑事处罚或者被税务机关给予二次以上行政处罚的除外。

企业家在企业经营没有风险时，提前给自己和家人规划好安全确定的现金流尤为重要，保障未来支出的安全，在家庭和企业之间建立好稳固的防火墙。

美国安然公司家企隔离

2001 年，世界上最大的能源商品服务公司美国安然公司宣布破产，公司首席执行官肯尼思莱夫妻在过去花 400 万美元购买了多份人寿保单。按合同保单约定，从 2007 年开始，他们每年可以领取 90 万美元。

虽然公司破产清算了公司和个人的资产，但人寿保单是之前规划的，受法律保护，他们可以每年领取 90 万美元年金，一直领取到终身。

杜鹃用信托保住国美

用保险做家庭财务规划，不得不提的是黄光裕的妻子——杜鹃。杜鹃是黄光裕的妻子，在面临巨大的压力和困境时，她力挽狂澜，扭亏为盈。

1996 年，杜鹃和黄光裕相识结婚，后来加入国美集团，与黄光裕一起经营国美，杜鹃和黄光裕共同拥有国美约 34% 的股份。

2008 年 11 月 19 日，黄光裕以操纵股价罪被调查，杜鹃也受到牵连险些入狱，但后来被判缓刑。

2010 年 5 月 18 日，黄光裕案在北京市第二中级人民法院一审判决，法院认定黄光裕犯非法经营罪、内幕交易罪、单位行贿罪，三罪并罚，决定执行有期徒刑 14 年，罚金 6 亿元，没收财产 2 亿元，这对于国美电器，无异于至暗时刻。

黄光裕入狱，国美电器的信誉也跌到低谷，国美的供货厂家和其他债权人得知这个消息后，纷纷都来催账，国美的现金流面临严重危机。黄光裕的资产也已经被冻结，不能用来救急。当时国美电器的执行 CEO 陈晓建议找风投，用国美的股份换取现金，解决短时的资金不足问题，这明显不是一笔合算的买卖。当时的国美，估值低，找风投入股并不划算，还会稀释股份，影响黄光裕夫妇对国美电器的控制权。

三天后，杜鹃拿出 7000 万元化解了这次危机。此后，杜鹃又陆续拿出 1.3 亿元，带领国美重回正轨。

这部分资金的来源，是杜鹃在以前未雨绸缪买来应急用的信托产品和保险产品。传闻，杜鹃和丈夫黄光裕有一个约定，黄光裕每年拿出净利润的 2% 打入杜鹃的个人账户，杜鹃用这部分钱购买信托和保险，从现在的视角来看，杜鹃的未雨绸缪是多么明智。

当时的国美，深陷一把手入狱的舆论旋涡之中，风控十分严格的银行绝对不会放贷；创投即使入场，也是像秃鹫一样抢国美的股份；指望朋友接济，也未必可行。杜鹃守住了对黄光裕的承诺，为他保住了国美的控制权。在黄光裕复出时，国美电器市值 730 亿港元。

家企隔离方案设计

任何一个企业都有周期性，居安思危，作好应对危机的准备，个人资产和企业资产之间需要进行区分和隔离，不能让家庭财产都变成企业资产。

万一因为市场风险企业受到重创，个人资产不会被认为是企业的资产而被冻结，可以维持家庭正常生活和未来养老教育的支出。

人寿保单的财产属性，表现为理赔前的现金价值和理赔后的受益金，归属非常明确，不易产生资金混同，并且投保人和受益人可以进行调整和规划，资产明确归属，权益也可变更，是企业资产和家庭资产隔离的风险管理工具。

（三）保单设计需要注意事项

债务风险较高的人士，不做投保人

保险资产本身不具有独立性，在理赔前其表现为保单的现金价值，属于投保人所有，是投保人名下的财产，自然无法隔离投保人的债务，在投保人和受益人的安排上，要避开负债可能性大的家庭成员。

保单权益属于投保人，保单是投保人名下的资产，万一发生诉讼，现金价值可能会被强制执行来偿还投保人的债务。另外，有可能有债务风险的人士的配偶也不适合做投保人，因为国内执行的是夫妻共有财产制度，一方发生债务危机，配偶也需要承担债务责任。

选择适合的险种

人寿保单不是天然具备债务隔离的功能，更不能完全避债，只是一定程度上增加强制执行的难度，减少强制执行的金额。

投连险、万能险、分红险等账户的红利，具有较强的理财功能，与人身属性无关，如发生债务被法院强制执行的可能性极大。重大疾病保险具有很强的人身属性和保障功能，在执行时，会考虑平衡被保险人和受益人的人身权益，有法院认为不宜强制执行。

适当选择低现价产品

保单是投保人的资产，一旦投保人发生债务问题，法院在执行判决时，可以强制其解除保险合同，执行合同退保后的保单现金价值。

选择低现价的产品实现一定的隔离，因为部分年金保单在投保的前些年，现金价值非常低，可能只有缴纳保费的十分之一或者更少。保单的执行在于执行保单当年账户的现金价值，也就是保单当年值多少钱，不是保单的保费，也不是保单未来的保额有多少，是当年如果退保可以得到的价值。

比如投保人购买的人寿保单保额是 400 万元，已缴保费 100 万元，保单在被执行时当年的现金价值是 10 万元，也就是保单当年退保可以退还 10 万元。保单的相关利益人给付了保单现金价值对应的款项，保单合同不会被法院强制执行，相当于保护了保单未来的保额。

设定保险金信托

保险金信托隔离债务的功能是基于信托财产的独立性，保险金信托设立以后，信托资产可以独立于投保人、被保险人、受益人。也可以父母作为投保人，子女作为被保险人，孙子女作为受益人，实现隔代传承。

投保时资金的合法性很重要

资金的合理规划可以实现财富的传承和隔离，合理规划的前提是资金合法。如果在投保人负债后恶意投保，资金转移，在财务危机发生时购买保单隐匿财产，侵害了第三人的合法权利，有非法转移财产的嫌疑，保险合同存在被认定为无效的可能，无法实现资产隔离功能。

法律只保护合法资产的权利，不能违背公序良俗，涉嫌洗钱或者犯罪行为而购买的保险自然不受法律保护，对于财产的规划，需要未雨绸缪，提前做好风险规划。

四、企业家退休规划

企业家经营企业时，现金流是一家企业的血液，很多企业因为面临流动性风险，导致破产倒闭。在个人的生命周期里，每月的现金流也是我们生活的血液。

企业家退休前的工作和精力聚集在企业上，从企业退休后发现，如果只靠社保养老，每月几千元的退休金只能满足基本生活，很难维持与退休前同等的消费水平和生活质量。

因为社保退休金只满足最基础的生活支出，如果从退休开始，一直动用手头存下的现金，存量的现金总会变少，有花完的可能性。因此，越来越多企业家开始提前规划自己的养老金。

40 岁王先生规划养老金，考虑企业发展有周期和波动

王先生说行业有周期性，现在企业生意还不错，想着用这几年公司利润的一部分把未来几十年的养老支出问题解决了，退休时如果每月可以领两三万元退休金，心里就踏实了。

王先生说，自己年轻时走南闯北爱自由，不喜欢上下班打卡，想给自己补充养老金也是考虑等自己退休后，也能自由闲下来，每月工资足够花，不用每天操心支出够不够。

自从知道除社保养老金外，还有商业养老金，他便拿自己做生意几年的

利润，给自己打造月月领 2 万多元的退休金的退休生活，一直领取到终身。

45 岁史先生规划养老金，对冲生意风险

史先生今年企业扩大生产规模，加大投资，但太太有点担忧，两个孩子一个上幼儿园，另一个上初中。当然生意越做越大是每个人期盼的，但万一生意遇到政策或市场波动，家庭未来的生活质量会受到很大的影响。

所以太太和史先生商量，趸交一份 300 万元的养老金，60 岁开始月月领取，就算生意有波动，也不会影响家庭未来的支出。等史先生退休，每年 30 多万元的养老金也足够日常支出。

养老金特别像家庭财富的守门员，很多金融工具可以进攻，养老金给家庭财富做防守，在年龄增长、赚钱能力下降时，能提供确定的安全感。

为什么选择养老年金养老？

（一）人均寿命不断延长

1949 年，中国人均寿命 40 岁左右，1981 年人均寿命 67.8 岁，2000 年人均寿命 71.4 岁，2019 年人均寿命 77.3 岁，20 年人均寿命增长了 6 岁，平均每 10 年提升了 3 岁。国家卫生健康委员会 2022 年 7 月 5 日公布当年人均平均寿命 77.9 岁，人均寿命在不断增长。

我国的社保制度是现收现付机制，就是当代年轻人交的养老保险给目前正在领养老金的退休老人领取，现在这批年轻人以后领取的养老金由他们退休当时在工作的下一代人来交。

如今，我们面临着严重的人口老龄化问题，中老年人的比例在不断提高，新生儿的占比在不断下滑，如果持续几十年都是供小于求，会导致养老金账户慢慢进入入不敷出的循环。

（二）基础养老靠社保，品质养老需要提前规划

养老金替代率是指劳动者退休时的养老金领取水平和退休前工资收入水平之间的比率，我国养老金替代率到了 40% 警戒线。

根据世界银行的建议，如果要维持退休前的生活水平不下降，养老金替代率要在 70% 以上，如果达到 60% ~ 70%，可维持较好的生活水平，如果低于 50%，生活水平较退休前会有大幅下降，如果低于 45% 则难以保障基本养老生活。

据了解，欧美发达国家的养老金替代率一般为 75%，但光靠政府不可能提供这么高的养老金替代率。实际上，欧美国家政府提供的养老金替代率平均在 42% 左右，剩下的 33% 基本依靠企业年金和商业养老保险。在欧美发达国家，企业年金和商业养老金是国家基本养老体系之外的重要补充形式。

相比之下，我国养老金的替代率只有 40%，只能起到兜底的作用，收入越高的人，退休后对养老金的需求越大，仅靠社保养老金很难让我们过上想要的养老品质生活。

（三）安全确定的安全感

提到养老规划，我们会充满信心地说，放心，我已经存了足够的钱，够我这辈子养老的了，但我们没有考虑过存款随时都有发生消费支出或损失的风险，还有因为家中突发情况需要用钱周转或者遭遇诈骗导致养老金成空。

现在我 30 岁、40 岁、50 岁，我的财富安全地转移到未来三四十年以后，八九十岁这件事挺有挑战，因为在漫长的等待期，有很多的风险——政策的风险、消费的风险、市场的风险、道德的风险。

尤其养老养的不仅是我们意识清醒时的老，还要养我们没有能力操控金钱时的老，以及有大笔资金却操控能力减弱时的老。

很多人可能选择银行存款、基金、股票，还有人选择购买商铺或房产，以租金现金流作为老后生活的保障。如果五六十岁，通过出租房子补充养老金还是可以实现的，但如果年龄增大需要辅助养老或者自己需要护理时，管理财富的能力大大下降，房子能否常年出租出去也是不确定的。

商业养老金安全确定，专款专用，不会因为经济形势变化、投资市场环境变化等影响退休金的领取。比如，现在投保一份养老金，合同约定 55 岁开始每月固定领 8000 元，未来到了领取年龄，8000 元退休金每月固定到账。

（四）锁定终身复利

近年来，银行存款理财利率不断降低，理财只关注眼前一年、两年，未来几十年的市场利率会如何变化，以现在的利率趋势，大概率利率还会下行。如果每年需要同样的现金流，则需要的本金会不断增长。

根据养老金当年市场利率情况，精算师在设计产品时，也会锁定一定的利率，也就是养老金产品的预定利率。

养老金的利率当然达不到高风险产品的收益水平，因为它是不冒市场风险的。就像大家在踢足球的时候，我们总不能抱怨守门员不进球，养老金类似家庭财富的守门员，无法达到高风险产品的收益率，但进可攻、退可守。

养老金可以实现确定领取。在我们退休时，每月固定领取一定的退休金，安全确定。养老金是家庭未来生活中一辈子给我们守门的产品，从资产配置角度来看，我们可以用 10% 的钱投入商业养老金，其他 90% 的钱去获取相对更高的收益。

（五）专款专用，持续终身的现金流

放在银行账户的钱虽然灵活，用途也有很多，比如孩子结婚、买房、生意周转等，随时都有消费支出或挪用、损失的风险，这些花费都从储蓄里拿钱，很难计算清楚储蓄里有多少比例是用来养老的，无法做到安全稳定地专款专用，以备养老。

随着年龄的增长，掌控生活的能力下降时，手头有大额的现金财富对老人而言是一种风险。专款专用的账户专门做养老准备，退休后每月固定领养老金，其他事情都不会动这笔钱。

我们终身在支出，很多人获得了大量财富，但没有解决终身支出的问题，到最后可能连生存的支出都没有办法解决，财富如昙花一现。我们拥有财富不是只管理拥有财富的数字，而是去解决拥有财富的时间的长度，以保障未来一生确定的基础支出。

第七课 财富传承风险管理

一、财富传承

40 多年前，改革开放的初期，诞生了中国第一批企业家，这批企业家下海经商，成为国内第一批白手起家的高净值人群，靠着时代的机遇、不断尝试的勇气和艰辛的打拼，建立了自己的企业。研究发现，第一代人创立的企业，只有 30% 左右成功传承给了子女，这 30% 中只有 10% 传给了第三代。其原因是不同年代出生的人的成长经历大相径庭，有不同的价值观和分析问题的视角。

每个创造财富的人都希望靠自己的打拼，让家人未来的生活无忧，财富世代传承，但如果只是不断地增加财富，不做好财富的保护和传承，子女掌控未来财富的时间是不确定的。企业家的孩子和孙子，从小生活环境优渥，被很好地照顾和保护，人际关系相对简单，缺少防范心，没有体会过创富的不易，很难建立起对财富的管理意识。长大后一下子持有一笔大额财富，他们可能还不具备管理财富的能力，好事可能会变成坏事。他们面临消费和投资的诱惑比较大，可能会沾染一些恶习，也可能会成为一些别有用心的人的目标。

在财富积累期，高净值人士习惯于追逐高收益，当财富管理的主要目的从创富转向守富和传富时，财富管理的目标已发生转变，需要调整对回报和波动率的预期。越来越多的企业在未来 10 ~ 20 年，会面临财富管理和财富传承的问题，财富传承和风险隔离的核心是确保资产的合法性和安全性。对法律和税务政策的不了解、家业不分、家庭关系复杂和不当担保等问题，给高净值人士进行财富传承带来很大困扰。

沈殿霞财富传承

2008 年，沈殿霞因肝癌不幸去世，沈殿霞患病后唯一放心不下的是女儿郑欣宜，虽然治病花费了不少钱，但还是给女儿留下了 6000 万元的遗产和一套 3000 万元的豪宅。

她担心女儿还小，获得大笔财产后挥霍殆尽或遭受欺骗，因此将自己的遗产放入信托，6000 万元要等郑欣宜满 35 岁时才能拿出来使用。在此之前，郑欣宜只能每个月领 2 万元的零花钱。

沈殿霞留给女儿的信托资金得到了有效的管理，每当女儿面对大额资产处置时，都需要信托受托人、信托监管人审批，也就是沈殿霞的前夫郑少秋，沈殿霞的大姐和生前好友，只有在人生重大事项时才可以领走一笔固定的金额。经过多年的管理，当初的 6000 万元信托资金不断地增值，郑欣宜也慢慢长大，开始理解母亲的一番苦心。

在她满 35 岁，到了妈妈约定 6000 万元遗产交接的时候，郑欣宜在接受传媒采访时表示：暂时不会动这些钱，自己完全可以靠自己，感谢当初妈妈的安排。

改革开放以来，第一批财富创造者已近 70 岁，近几年，部分企业家去世后资产安排不周引发家庭悲剧、亲情离散、企业分崩离析等不幸事情频繁发生。

创一代正常生活时，有雄厚的财力和社会经验，有足够的能力去照顾家庭和孩子，但万一发生身故或早逝的风险，如果没有任何财富的筹划，企业的经营和家庭就会受到很大的冲击。很多企业家为避免这一系列事件的发生，避免子女争产、资产安排不周导致的家庭混乱，会提前做好资金规划和安排。

许世勋家族资金传承

香港传奇商业大亨许世勋 2018 年去世，420 亿元的资产没有全部传承给他的儿子许晋亨和儿媳李嘉欣。

许世勋去世前，将 420 亿元资产全部变成家族信托基金和巨额保单，许家每个人每个月能领一笔生活费，其他的资金由基金会打理。据悉，许晋亨和李嘉欣夫妇每个月可以领到约 200 万元的生活费，由于财产本金多，每月 200 万元的零用钱，是最低的投资收益，并不是本金。

这样做既保证了许晋亨和李嘉欣的生活费用，又保证了他们一辈子的现金流，不至于把用心血打下的江山败在孩子手上。加上账户每年复利的增长，这笔钱可以一直领 1750 年，许世勋的子孙后代都可以持续领取巨额零用钱，坐吃山也空不了。

这可能就是所谓的财富传承，梳理家庭的资产，尊重家庭每一位个体，利用金融工具，在合理合法的规划下，把家庭财富稳稳地传给自己的子孙后代。

戴安娜财富定向传承

戴安娜王妃 1997 年猝然离世，当时她年仅 36 岁，两个孩子未成年，威廉王子 15 岁，哈里王子 13 岁，留下了千万英镑的遗产。

戴安娜王妃突然的离世，没有带来财产管理的失控和传承的混乱，因为她提前作好了财产的安排，把自己的珠宝首饰留给两个未来的儿媳，资产交给专门的机构打理。

戴安娜王妃生前立下遗嘱，资金交给专门的机构打理，威廉王子和哈里王子须等到他们 25 周岁后才能继承和支配，经过受托机构多年的运作管理，其间产生了 1000 多万英镑的收益，资产大幅增值。保证了孩子每年都有丰厚的回报，也避免了未成年孩子在她去世时直接接手大额资产可能带来的挥霍，资产安全稳妥地传承给了威廉王子和哈里王子。

很多人觉得自己赚取足够的钱，万一自己发生风险，给子女留下足够的钱，孩子未来的生活便会衣食无忧。实际上，可能周围很多人会觊觎财富，财富越大，未成年子女面临的风险可能越大。财富稳定的传承，需要有匹配财富的保护措施，提前给孩子做好财富规划和应对风险的措施。

（一）常见的财富传承方式

财富传承一般有生前赠与、法定继承、遗嘱继承、人寿保单等方式。

1. 生前赠与

我国经济发展时间不长，大部分社会财富是在改革开放 40 多年积累起来的，受到中国传统生死观的影响，大多数人对生前事很重视，对身后之事忌讳提及。

很多人在年富力强的阶段不愿或想不到遗嘱或财富传承这个话题，一般会在生命的最后时刻生前赠与，以转账的方式，将名下房产通过过户方式赠与子女，觉得程序简单，这是常见的传承方式。客观分析，生前赠与也有一定的弊端，就是在赠与行为完成后，财产的所有权就发生了变化，房产就登记在了子女名下，财产就转到了孩子名下，如果财产持有人后悔了，想改变赠与行为，收回自己的财产是很困难的，过早地赠与给下一代，对赠与的资产没有了控制权。

如果子女将财富赠与他人或挥霍财产，自己也没有能力阻止，如果子女得到财富后，不尽赡养义务，也很难维护自己的权益，子女如果发生离婚，也会带来财富的流失。

2. 遗嘱继承

遗嘱传承可以根据自己的意愿进行财富分配，在生前对财富有较大的掌控，但遗嘱订立的比例不高，因为订立遗嘱面临很大挑战。

日常我们忌讳谈死亡，觉得提前订立遗嘱是一件不吉利的事情，很多人觉得自己身体没问题，不必着急订立遗嘱，一切都在自己的掌握和控制中。而且，订立遗嘱比较敏感，按自己的判断和立场，很难作好情感和权益的平衡，容易引起子孙争产反目，不具备私密性。

遗嘱的真实性和有效性容易发生争议，比如写遗嘱时是否精神状态不清、有没有受到胁迫、书写格式是否符合要求等，都会引起子孙争产，尤其再婚家庭或多子女家庭。遗嘱公证需要所有继承人到场，每位继承人对遗产的分配方案认同，需要心齐、人齐、资料齐，如果继承人对继承方案不认可，可能会通过诉讼来解决继承问题。如果后续遗产税开征，需要缴纳高额的遗产税，也无法做到隔代传承。

3. 法定继承

民法典第一千一百二十七条规定，遗产按照下列顺序继承：

第一顺序，配偶，子女，父母；

第二顺序，兄弟姐妹，祖父母，外祖父母。

继承开始后，由第一顺序继承人继承。没有第一顺序继承人继承的，由第二顺序继承人继承。

对于非婚生子女，民法典第一千零七十一条规定，非婚生子女享有与婚生子女同等的权利，任何组织或个人不得加以危害和歧视。不直接抚养非婚生子女的生父或者生母，应当负担未成年子女或者不能独立生活的成年子女的抚养费。

财富传承失败的原因中，很大部分因为我们很难避免和预测突发意外的发生，导致我们来不及生前赠与和写遗嘱，进而导致法定继承的家庭成员因为争夺财产各怀心思，导致家庭内部纷争，家庭和企业陷入混乱之中，尤其是家庭成员关系复杂，更容易引发纠纷。

所以很多人选择通过保单的方式进行财富传承，指定了受益人的保险理赔金不是遗产，受益人指定自由，时间高效，可以实现定向传承，避免遗嘱继承中诸多烦琐的程序，避免继承纠纷。

4. 人寿保单

第一，保单具有私密性。

保单传承具有私密性、指定性，定向传承，规避继承人纠纷。法定继承和遗嘱继承，需要所有法定继承人和遗嘱继承人在同一现场。保险合同只需要投保人和被保险人签订，受益人可以凭借保单去保险公司得到相应的继承权益，与合同无关的人无须知道合同的内容。

在保单保障过程中，保险公司负有保密的责任，任何非保险当事人都无权知道保险的相关内容。理赔时，保险公司只会通知受益人及监护人，不会通知其他任何人到现场，可以保障财富传承的私密性，避免公开财富分配比例带来的家庭矛盾。

第二，成本低，效率高。

即使现在遗产税尚未开征，遗产继承过程中各项费用也并不低，请律师拟定遗嘱的律师费用、公证遗嘱本身的公证费用、继承权公证费等。通过保险进行财富传承，受益人领取财产时无须任何费用。

遗嘱继承，从身故到办理继承权公证以及过户，一般需要几个月的时间。对于保险来说，因为是指定受益人，保险公司须依合同直接履行，资料准备齐全理赔较快。

第三，资金隔离。

民法典第一千一百五十九条规定，分割遗产时，应当清偿被继承人依法应当缴纳的税款和债务。

遗嘱不能隔离设定遗嘱人的债务风险，如后期有遗产税，也不具备合理避税功能。保单身故金具有专属性，被保险人身故后，保险理赔金指定传承给受益人。

第四，财富定向传承。

投保人生前对于保单有绝对的权利，可以根据财富管理的需要，灵活地设定保单受益人的人数和比例，如果企业家想在分配资产时照顾家庭的某一人，或不想公开自己财产的传承人、传承份额，保单无疑是相对隐私的方式。

投保人可以通过变更投保人、变更受益人、变更受益人的受益比例实现财富的保障和传承。如果子女不孝或挥霍财富，投保人也可以调整受益人，等他们做出改变后，再恢复受益比例，有效地实现对保单财富的控制权。

如果担心理赔金一次性传给继承人，孩子可能会挥霍或无法很好地管理财富，也可以把保单的受益人设定为信托，将指定受益人设定为信托的受益人，设定好受益人领取的年龄、领取方式、领取比例，通过信托有序地传承给受益人。

（二）保单架构

方案一：终身领取现金的年金。

将一部分财富转为可以定期领取的年金，一直从幼年持续到老年。这样做既不必担心财产在短时间内被挥霍一空，又能培养下一代独立生活的能力，还保证了他们有一定质量的生活。

终身领取的现金流可以满足日常生活支出和未来养老支出，可以保障几十年甚至终身，专款专用，细水长流，防止孩子挥霍。

方案二：保险金信托。

设置保险金信托，按信托合同约定的时间、事件、情况等分配方案，防止孩子一次得到巨额财富后带来的挥霍风险，约束受益人的消费。

比如生活费设置，孩子在 28 岁前每月领取 1 万元生活费、教育费，孩子如果考上国家重点大学，每年可以领取 6 万元生活费，如果考上普通大学，每年领取 3 万元生活费，考上研究生奖励 20 万元，考上博士奖励 30 万元，如果出国攻读研究生，每年可以领取 50 万元教育金。结婚可以一次领取 50 万元礼金。

大额消费基金，孩子第一次买车时，可以领取 30 万元，第一次买房，可以领取不超过房价 50% 的消费金，最多不超过 300 万元。

养老金，孩子在 60 岁以后，每月可以领取 2 万元养老金，一直领取到终身，剩余的信托资金由其子女继承。

传承的规划需要在财务状况良好、力所能及时，提前隔离出一部分资金做好财富传承，实现财富的顺利传承，避免财富变成遗产，进入复杂的继承程序，实现确定传承，指定受益人，不存在争议的财产分配。

二、二代婚姻风险规划

大部分父母在子女结婚时，会考虑赠与或出资协助孩子购买婚房婚车，有的家庭在子女结婚时甚至耗尽半生储蓄。如果子女夫妻关系好，携手共度一生，父母也会很开心双方一起享有财富，婚前赠与孩子的财产混同与否没有什么影响。但现在年轻人个性鲜明，如果婚姻存续时间不长，性格不合一旦离婚，不可避免面临婚姻财产分割的问题。

提前做一些财富规划，不仅是对家庭财富的保全，也能够在一定程度上让婚姻更持久，感情更纯粹。

（一）婚姻变动，伴随巨大的财富风险

1. 土豆网创始人婚变影响上市被并购

视频网站土豆网由于公司创始人离婚诉讼导致上市进程延迟，之后虽然赴美上市成功了，但错过了最佳的融资和发展的时机，最后被竞争对手优酷并购。

事件的发展如下，2010 年以前，土豆网曾是国内最具影响力的网络视频平台。2010 年 12 月 8 日，土豆网竞争对手优酷在美国纽约证券交易所上市，上市后优酷股价持续走高，最高点达 69.95 美元，较发行价 12.8 美元上涨了546%，然而优酷这份荣誉本该属于土豆。因为早在 2009 年年底，土豆网CEO 王微就赶在竞争对手优酷之前递交了纳斯达克上市申请。

妻子杨蕾一纸离婚诉状，要求对王微的股份进行诉讼保全，使得王微名下三家公司股权因诉讼遭到冻结。媒体报道，王微与杨蕾于2007年8月结婚，2008年8月王微提出离婚，此时土豆网已经完成前四轮融资。2010年3月，双方离婚。2011年6月，双方就夫妻共有财产问题达成和解。

在王、杨两人的离婚诉讼纠纷期间，恰逢土豆网高速发展时期，由于股权分割存在重大权属争议，对公司的控制权造成了巨大冲击，导致了一路抢跑的土豆网梦碎纳斯达克敲钟前夜，上市进程整整搁置半年有余，被竞争对手优酷抢占上市先机，错失这一轮股市疯狂的视频概念暴涨，并最终被优酷吞并。

2011年重启IPO的土豆网，不幸遭遇美国资本市场冰河期，不足一年，就被竞争对手优酷吞并。杨蕾在土豆公司上市前的财产保全做法，曾引起极大争议，但毕竟其是在法律框架内行使权利，在法律上无可厚非。土豆网事件给人们敲响警钟，尽管影响一个公司发展的因素很多，但是婚姻变故及其必然引起的财产分割对公司发展的影响，尤其在公司发展的关键时期所产生的巨大影响，须引起企业家及风险投资者的极大重视。

对于高净值人士，他们及其子女的婚姻与他们的家庭事业、财富并不是截然分开的两个世界，尤其是拥有企业的高净值人士发生婚变，可能不仅仅是家事，甚至关乎企业的发展、投资者的利益，婚姻变动常常伴随着巨额财产损失、企业前途堪忧的负面显性后果。

2. 餐饮连锁"真功夫"创始人因离婚上市搁置

2004年蔡达标和潘宇海创立了真功夫品牌，而后潘宇海的姐姐潘敏峰嫁给了蔡达标，真功夫是当时快餐行业著名的本土品牌。2006年，蔡达标与妻子潘敏峰协议离婚，离婚后两家持续了长达多年的股权争斗，其间潘家向公安局举报蔡达标经济犯罪，真功夫上市变得遥遥无期。2011年，蔡达标被逮捕，2014 年 6 月，法院认定蔡达标职务侵占和挪用资金两项罪名成立，蔡达标被判刑 14 年，企业也在双方的争斗中元气大伤。

3. 传媒大亨默多克两次离婚支付约 30 亿美元

传媒大亨默多克和第一任妻子离婚支付了超过 10 亿美元，第二次离婚支付了 17 亿美元的分手费，被认为当时最贵的离婚案。

默多克的第三段婚姻是和 31 岁的邓文迪结婚，默多克婚前提前通过遗嘱、保险、信托等工具对婚前资产做了隔离。邓文迪和默多克的婚姻持续了 14 年，2013 年双方离婚。根据婚前协议的约定，邓文迪无权继承他的任何遗产，只分到两套房产，没有分得默多克的家族资金，女儿拥有默多克家族资金的继承权。

基于种种教训和经验，财富人士对于子女的婚姻比普通人更谨慎。对于普通家庭，离婚带来的伤害限于对夫妻双方和孩子的伤害。对于财富人士，婚变需要付出高昂的财富代价，对自己的婚姻和子女的婚姻提前筹划考虑，避免财富因婚变而"蒸发"，未雨绸缪是最高境界。

（二）子女婚姻前财富管理

1. 不对等的婚变为家族财富带来风险

韩国三星集团总裁千金李富真离婚赔 141 亿韩元。三星集团多次居于福布斯亚洲富豪榜榜首，作为财阀家的长公主李富真也被估算为韩国女首富，李富真从小被父亲李健熙带着历练，行事果断。进入家族企业后，李富真大刀阔斧地进行改革，最终成为三星旗下的首位也是唯一一位女总裁，但这样一位有钱、有貌、有权势、有能力的"白富美"却深陷婚姻泥潭。

李富真前夫任佑宰原是李健熙派给李富真的保镖，不知是不是看惯了商场的尔虞我诈，穷小子的出现像一股清流，李富真不顾一切地爱上了任佑宰。李富真用了 4 年时间说服家人接受任佑宰，与其举办了世纪婚礼，成了韩国当时津津乐道的童话。然而婚后不管任佑宰是被送去美国留学镀金也好，还是被给予三星电机副社长的职务，任佑宰终无力胜任，怨气冲天。而任佑宰还伴有酗酒和殴打三星长公主的家暴行为，双方思想差距也是对情感的最大消磨，童话故事终抵不过现实的考验，李富真最终看清了任佑宰的真面目，从 2014 年开始提出离婚直到 2019 年。

2019 年 9 月 26 日，离婚诉讼结果出炉，法院判决两人解除婚姻关系，李富真将支付任佑宰 141 亿韩元（约合人民币 8370 万元），在得到高额离婚费后，任佑宰仍不满足，想要得到李富真一半的财产。由此可见，高净值人士走出婚姻的围城除了情感上的烦恼，可能还要经历财富上难以承受之"重"。

2. 子女婚前资产管理

王女士婚后生育一女，前夫家族重男轻女，而王女士生了个女儿后再也不能生育，导致婚姻破裂，与前夫离婚。王女士离婚后，孤身奋斗多年，资产达上千万元。

王女士置办了近 10 套房产，全部属于商铺，王女士考虑到对房产的控制权，她担心把房产完全登记到女儿名下自己不好控制，如果孩子以后不争气，房子被女儿卖掉自己都不知道。于是她想出了一个办法，每套房子周女士自己占 1%，孩子占 99%。万一孩子卖掉房子自己也能知道，哪怕将来要交遗产税，女儿也只需交 1% 的额度。

女儿读大学期间，找了一个男朋友。后来，女儿的户口落到了深圳。王女士为女儿、女婿在深圳全款购置了一套房产作为他们的婚房，房子登记在女儿名下。

《中华人民共和国民法典》规定了夫妻共同财产的范围。夫妻双方在婚姻关系存续期间继承或者受赠的财产，如果遗嘱或者赠与合同中没有明确指定只归一方所有，则属于共同财产。

但没想到，事隔一年，女儿在一次交通意外中身故，这对王女士的打击非常大，而更让她郁闷的是，她的前夫、女婿和她自己都是她女儿财产的第一顺序继承人。法院审理时，考虑到这些房产全部是王女士辛苦打拼购买的，且又失去了唯一能够赡养她的亲人，酌情考虑给王女士的份额比较多一些。

对王女士而言，这些财富是她自己打拼出来的，她还要将财产的一大部分分给女儿的其他继承人，她非常不甘心。然而，现实就是这样残酷，王女士将所有房产与女儿联名，并指定自己占1%的份额，女儿占99%的份额，就意味着这多套房产所有权的99%已经为女儿所有，不再是王女士的资产，这种行为属于合法有效的生前赠与。

当王女士的女儿死亡时，其女儿名下的99%的房产份额和一套婚房就开始了继承，都会作为其女儿的遗产进行分割。

所以，王女士、王女士的前夫和女婿都是其女儿名下99%房产份额的合法继承人，且份额均分，王女士真是"哑巴吃黄连，有苦说不出"。

（三）子女婚前赠与的方式

子女在结婚时，对子女赠与的方式有很多种，比如现金、房子、车子等。做好子女婚姻财产规划，不是为了简单地防止离婚时的财产分割，相反，在某种程度上，是为了巩固婚姻的基础，让感情不面对财富的诱惑，避免离婚带来的家庭财产外流的风险，同时可以给孩子的婚姻提供保障。

1. 现金赠与

直接赠与现金，很容易混同到一起，如赠送600万元现金给孩子，这

600 万元是夫妻共同财产。如果离婚，其中 300 万元资金会被分割。

2. 房子赠与

房子虽然可以避免被挪用，但房产流动性差，变现比较难，很难对子女未来婚姻生活的现金流提供保障，并且孩子都已成人，有处置房产的民事行为能力，存在挥霍的风险。

虽然可以在婚前给孩子全款购买房子，也可以在房产证上只写孩子的名字，但夫妻婚后换购更大的房子或学区房是比较普遍的现象，一般总房价比较高，需要将婚前房产出售，把出售款作为新房子的首付，婚内共同还贷。如此一来，婚内新购置的房产很容易发生混同变成夫妻共同财产。

也可能在夫妻俩感情升温时，在房本上加上了另一方的名字，或者房子一直是孩子名下的资产，万一不幸身故，配偶也有权利继承房产。父母在赠与子女财产时，应该作好合理的规划，否则，一旦子女的婚姻发生变化，财产需按照夫妻共同财产的属性进行分割，导致家庭财富的外流。

3. 年金保单赠与

自己和子女婚姻的危机，影响的不仅仅是家庭的完整性，对高净值人士来说，也是过往几十年打拼下来的财富的完整性，需要提前做好规划，而保单的规划更有私密性和保护性。

婚姻财产分为婚前财产和婚后财产。按照民法典第一千零六十三条的规定，一方的婚前财产，归一方所有。指定了夫妻一方为受益人的身故理赔金仍是一方资产，明确赠与夫妻一方的财产也是婚内个人资产，其他属于夫妻共同财产。

保单的设计可以在一定程度上避免资产在离婚时被分割，比如在子女婚前交完保费的保单是婚前财产，在孩子结婚前趸交或分三五年交完保费的保单，因为婚前年金保单的规划，是明确赠与一方的资产，不因结婚而变成夫妻共同财产，婚姻变动时，不会被分割。

保单架构设计：年金险，父母作为投保人，子女为被保险人——年金领取人，父母为保单身故金受益人。

年金险可以实现资产的有效管理，一份保单的设计有三方享有保单权利，投保人有保单所有权，被保险人拥有生存期间保单利益，受益人有保单收益权，三权分立，并且投保人和受益人可以变更。

如给女儿存 1000 万元年金，5 年后年金每年给女儿返还 30 万元到终身，每年有一笔稳定的现金流给女儿，未来无论发生什么，每年的领取不变，不用考虑任何资金混同的风险或挥霍的风险，孩子源源不断地领取一生。保单所有权属于父母，保单的分红和当年的现金价值为父母所有，孩子无权退保，退保保单现金价值给到父母，父母拥有财产控制权。

子女作为被保险人，每年固定领取年金，保险每年返还的年金属于婚内个人资产，夫妻俩婚姻期间可以一起享用，万一以后离婚，另一方没有领取的资格。因为保单资产属于投保人，也就是父母，万一子女婚姻发生变化，保单资产不会被分割，万一遇到极端风险，女儿发生了人身问题，保单身故赔偿金给到妈妈。

随着子女年龄的增长，婚姻关系稳固，自己年龄增长，在合适的时间可以把投保人变更为子女，完整地传递到子女手上。既可以给子女婚姻一定的保障，每年固定领取现金流，也可以实现对资产的管理，遇到婚姻风险、身体不测风险，实现对财产的保全。

三、财富传承失控风险

对财富进行保障，一定是对应家庭财富可能遭遇的风险而言的，有遭遇风险的可能性，才需要采取一定的措施，在风险发生之前，对家庭可能发生的风险进行综合的分析，从而做出适合的保障规划和解决方案。

研究发现，第一代创立的企业，大约 30% 传承给子女，这 30% 中只有 10% 能传给第三代，传承到第四代的家族企业只有 3%。一项对全球 5000 家家族企业的研究发现，企业负责人的突然死亡给企业带来 30% 的业绩下挫影响，这也是很多企业家提前进行财富传承规划的原因。

何鸿燊财富传承

2020 年 5 月 26 日，何鸿燊在香港养和医院去世，享年 98 岁，留下 5000 亿港元的身家，何鸿燊生前有 4 位太太和 17 个子女，他们曾多次因为家庭矛盾和财产纠纷登上商业版头条。

5000 亿港元的身家如何分配，据传闻，何鸿燊早已成立了家族信托来管理千亿资产并分配资金，巨额财产委托给信托基金后，钱属于信托基金所有，遗产不会被继承人轻易挥霍殆尽，何家世代仍然可以享受红利。

家族企业传承的挑战和压力

2003 年 1 月 22 日，"山西钢铁大王"海鑫集团创始人李海仓遇刺身亡，其在生前并未留下有关接班的遗嘱，不满 22 岁的李海仓之子李兆会被迫中断学业，临危受命接管当时资产规模逾 40 亿元的海鑫集团。

李兆会对实业兴趣不大，爱好资本市场投资，2004 年，李兆会掌权后斥资 6 亿元入股民生银行，并在 3 年后大赚 10 亿元，尝到资本市场快钱的甜头，李兆会更无心做实业，一头扎进资本市场，先后投资 40 多只股票。2008 年胡润中国富豪排行榜，李兆会以 125 亿元财富成为山西省首富。2010 年，李兆会天价迎娶女明星车晓，此段婚姻 2012 年以离婚告终。

随后美国次贷危机爆发，海鑫集团负债及对外担保 104 亿元，负债率超过 100%，受市场环境和信贷环境双重恶化影响，海鑫资金链断裂，2014 年海鑫进入破产程序。从坐拥百亿家产到申请破产仅 11 年，李海仓辛苦创立的拥有 9000 多名员工，纳税额占全县 60% 的钢铁王国毁于一旦。后期，李兆会因不履行法院判决，被上海市第一中级人民法院限制出境。

李海仓突然身亡，生前未规划财富的传承，加上家族成员没有达成传承共识，继承人仓促上阵，缺少企业家精神的传承，缺少企业的历练，缺少基层的打磨，一下继承万人钢铁企业和几十亿元财务，对一位二十出头、不具有实干经验的接班人来说，传承企业挑战太大了。

很多创一代为了给孩子更好的教育和视野，愿意把孩子送到国外留学，二代们接受的文化和本地文化有差异，更有自己的主见和个性，同时没有体验过长辈创业的艰辛，他们既不愿意接受父母的传统行业，消费也大手大脚。在企业经营中，子女涉世未深，没有管理能力，无法处理好复杂的业务关系，一次性收到传承的财富对他们来说是极大的挑战。

（一）保单规划降低财富传承失控的风险

未来几十年，越来越多的企业将面临企业传承的问题，企业在创富阶段，经营者对资产追求高收益高回报，当财富从创富阶段到守富阶段，再到传富阶段，财富管理的目标会发生改变，对于回报率的要求降低，传承的核心是保障财富持续的稳定性和可持续性，这也是很多企业家选择通过保单进行财富传承的核心原因。

（二）杠杆传承

保险合同是一份射幸合同，今天投入的保费，换取的是某个时间节点死亡发生时保险公司支付的数倍于保费的保险理赔金。

每个人的寿命不同，保险公司承保的风险是不确定的，所以投保人可以支付较少的保费来承保，保障标的万一发生风险，保险公司给予的赔偿是保费的几倍或几十倍。对于终身寿险，投保人交给保险公司的是保险费，当被保险人身故时，保险公司赔付的是保额，保险保额一定大于保险费，是保险费的几倍或几十倍以上，这是保险的杠杆保障功能，可以放大传承的财富。

（三）降低监护人风险

大笔钱留给孩子，也会留给孩子管理财富的危机，如果孩子年龄比较小，投保人一方去世，孩子继承的钱将由其监护人管理，可能会出现监护人独占继承的钱，未成年子女无法得到充足的保障。因此，可以设置保险金信托，由信托向未成年子女分配生活费，监护人不会一次性得到大额财产，以此保障孩子的权益。

（四）约束领取，长期持有财富

保单具有财富传承的功能，通过对投保人、被保险人和受益人的设计，实现财富传承的专属性，保险合同只需要投保人和被保险人签字即可生效，不需要通知其他相关亲属，实现财富秘密传承，避免家庭纷争。

对于突然拥有巨额财富的年轻人，是否可以按我们最初意愿掌控财富，安全长期地持有财富显然并不容易。对于保险来说，可由保险公司分期分批给付受益金，保证财富长期安全。

四、不可控的传承成本——遗产税

遗产税是以被继承人去世后所遗留的财产为征税对象，向遗产的继承人征收的税，遗产税常和赠与税联系在一起设立和征收，获得大额现金的受益人需要缴纳遗产税才可以领取收益金。各国对于遗产税的纳税人规定不同，有的规定遗产继承人是纳税人，有的规定被继承人是纳税人，各国各地区的遗产税一般都有一定金额的免征额。

遗产税自诞生之日起，就颇受争议，支持者认为遗产税能够调节社会财富，缩小贫富差距，避免穷人越穷富人越富的社会矛盾激化，促进投资和消费，促进相关行业发展。反对者则认为，遗产税征税成本较高，不仅无法避免富豪避税，还会导致富人和人才流失，这也是为什么经济不发达或产业不完整的地区一般不征收遗产税，遗产税征收会导致资本外流，随着经济的不断发展，发达国家或产业完整的国家或地区，基本会征收遗产税。

（一）世界各国遗产税

据统计，全球有114个国家或地区开征遗产税，超过全球国家数量的一半，大多数国家的税率通常在40%～60%。最近几年，部分地区废除了遗产税，如中国香港1915年开征遗产税，2006年取消了遗产税；2009年，中国台湾将遗产税税率从最高50%统一调整为10%，免税额从779万新台币提高到了1200万新台币。2007年前后，俄罗斯、奥地利、新加坡先后废除了遗产税。美国将遗产税免税额从 50 美元提高到了 500 万美元。

美国：税率 40%。美国遗产税自 1797 年首次开征以来，便争论不断，时征时停，税率也起起落落。1999 年和 2000 年，美国国会两次通过废止遗产税的法案时，比尔·盖茨的父亲、沃伦·巴菲特、索罗斯等 120 名亿万富翁联名向美国国会递交请愿书，反对取消遗产税，并在《纽约时报》上刊登广告：Please tax us（请对我们征税）。

2017 年年底，特朗普签署了《减税与就业法案》，将遗产税的免税额度由 549 万美元提高至 1118 万美元，相当于变相减税。美国遗产税制属于总遗产税制，采用统一的累进税率，包括生前拥有的所有动产不动产、有形无形财产，都要对其遗产征税。

英国：税率 40%。英国居民在世界各地的资产都要付遗产税，而非英籍人士只有在英国国内拥有的资产才需要支付遗产税。

德国：税率 50%。分级遗产税制，继承及赠与税率以及免税额度根据转让人和受益人的关系远近以及资产价值的高低而有不同规定，税率从 7% 到 50% 不等，现德国的遗产税和赠与税都开征，且适用同一税率。

日本：税率 55%。采取继承税制，根据各个继承者继承遗产数额的多少，是典型的分遗产税制。对于居民而言，无论其继承的遗产是在境内还是在境外，都要对其遗产征税；对于非居民而言，仅就其在日本继承的遗产承担纳税义务。2013 年遗产税法修正时，将遗产税及赠与税的最高税率提高到 55%。

日本的遗产税比韩国要高一筹，常有日本年轻人因无法支付高额遗产税，而放弃继承遗产的消息传出，据了解，继承超过 6 亿日元的遗产需要支付 55% 的继承税。简单换算一下就是 6 亿日元相当于人民币 3500 万元，如果想继承这笔财产需要缴纳高达近 2000 万元的遗产税，确实太高了。

巨额的遗产税一直让日本和韩国很多有钱人深受困扰，因为继承这些财产需要缴足税款才能拿到，加上还有很多不动产的财产，变现也不是那么容易，所以经常出现家人放弃继承的现象，父辈们拼了老命打下的江山，作为亲人却不能继承，只能眼睁睁地看到财富流失，让人唏嘘不已。

韩国LG

2018年5月，LG前会长具本茂撒手人寰，韩国LG集团已故前会长具本茂持有11.3%的LG股权，约合人民币108亿元。韩国LG集团会长具光谟持有了他8.8%的LG股权，继承了其父亲80亿元的遗产，需要支付相当于44亿元人民币遗产税，剩下的股份留给了另外两位女儿。据计算，三人继承高额财产，共计需要支付55亿元的遗产税。

在韩国，遗产税起征点是约2000万韩元，折合人民币12万元，相应地缴纳10%的遗产税，随着所继承财产的价值提高，税率也逐级攀升。如果遗产超过了30亿韩元，该缴纳的税率就变成了50%。如果受益人成为家族企业的最大股东，还要额外征收20%的附加税，算上一些抵扣，也要缴纳60%左右。

三星集团

2018年2月，三星集团董事长李健熙被韩国警方发现他以72个不同三星高管的名字开立260个新账户，这些账户由三星监管机构负责管理，约3.52亿美元，据媒体披露，李健熙使用别人名下账户的原因是避税。

三星集团会长李健熙2020年去世后，遗产包括股票、房地产、美术品和现金等，总价值约高达26万亿韩元（约合人民币1416亿元），其中三星旗下子公司股票市值相当于19万亿韩元（约合人民币949亿元）。

2021年，李健熙的遗属申报遗产税12万亿多韩元（约合人民币699亿元），并申请分5年缴清。报税时先缴纳六分之一的遗产税（约2万亿韩元），其余的按 1.2% 的年利率在 2026 年之前缴清，换句话理解就是李健熙的巨额遗产需要 5 年后家人缴清税款后才能继承。12 万亿多韩元刷新遗产税最高纪录，这将刷新韩国历史上最高额继承税纪录。天价遗产税，并非韩国独有。

美国传媒大亨赫斯特

美国传媒大亨赫斯特花费 28 年，耗资 1.65 亿美元在加利福尼亚中部圣米湾内打造了一个欧洲地中海风格的城堡。整个城堡庄园共有 165 个房间，称得上美国最贵最奢华的城堡。可惜的是，赫斯特去世后，他的继承者因为交不起遗产税，只能望堡兴叹，将城堡捐给了国家。

（二）中国距离遗产税还有多远

目前国内没有开征遗产税，但也不代表未来没有开征遗产税的可能，我国经历了改革开放 40 多年的高速发展，居民个人财富不断增长，财富贫富差距不断拉大，尤其是国家不动产统一登记落地实施等税务征收系统的不断改进，遗产税征收的外部条件基本具备。

其实，我国始终有遗产税规划。1950 年，中央人民政府政务院颁布的《全国税政实施要则》中，遗产税就作为 14 个税种之一被确定下来，在 1953 年税制改革时遗产税被取消。

1994 年，新税制改革将遗产税列为国家可能开征的税种之一。1996 年，全国人大批准了《国民经济和社会发展"九五"计划和 2010 年远景目标纲要》，纲要中提出"逐步开征遗产税和赠与税"。

2016 年 12 月 19 日，中国社会科学院 2017 年《经济蓝皮书》发布，蓝皮书呼吁尽快实施房地产税和遗产税，积极推进个人所得税改革等措施。这意味着国家一早就有开征遗产税的打算，并在法律制度上进行了空间预留，而后，将遗产税列入税制改革方案、批准"逐步开征遗产税和赠与税"的人大建议，各大论坛、经济形势报告会不断提起遗产税。

人身保险金能否列为被保险人的遗产，取决于被保险人是否指定了受益人。指定了受益人的，被保险人死亡后，人身保险金应付给受益人；未指定受益人的，被保险人死亡后，人身保险金作为遗产处理，可以用来清偿债务或赔偿。

（三）做好提前规划

理论上讲，遗产税如果征收得当，对于调节社会成员的财富分配、增加政府和社会公益事业的财力有一定的意义，防止贫富过分悬殊。

国外执行已久的遗产税一般都是按照先缴税再继承的流程，比如，5000万元的遗产，40%的遗产税，那么继承人需要先支付2000万元的现金，才可以顺利继承遗产。通过保单传承财富，不用缴纳遗产税，还有几倍到几十倍的杠杆，如5000万元的保额，分20年缴费，根据不同的年龄，每年的保费上百万元左右，从第一年缴费时，就终身有5000万元的身家传承金额。

人寿保险理赔金免所得税，人寿保单在所交保费和保额之间有一定的杠杆性，理赔的保额往往是所交保费的几倍到几十倍。保单的理赔金直接由保险公司打到受益人的账户，不会纳入被保险人的遗产，可以规避资金传承中的成本。

在过去的数十年，考验的是这一人群创造财富的能力，而在未来的数十年，考验的则是他们保全和传承财富的智慧，家族传承到底传什么，运用何种工具进行传承是他们值得深思的问题。

我们无法预估风险什么时间发生，等到风险发生时已经来不及安排，提前进行规划和安排，成本更低，更安心，留给孩子的应该是资产，不应该是问题。